開風氣而為之師——

中國偉大的知識分子 **胡適**

馬克·奧尼爾
Mark O'Neill 著

程翰 譯

胡適攝於 1927 年 3 月

引言

當你讀到胡適的故事，你會對中國的未來感到非常樂觀。胡適知識淵博，先後寫了共 44 本涉及多個主題的書，包括三本用英文寫成。胡適生於晚清末年，復得西方教育啟蒙，能駕馭中、英兩種語文，在國內外均如魚得水。若他因此驕傲自負，似屬理所當然，但他並不如此——他言談風趣、態度可親，且好廣交朋友。

1930 年代，每逢星期天上午，胡適都會敞開其北京家宅的大門，歡迎各色人等進去坐坐聊聊，包括學生、路過的、來請願的，甚至要飯的。他一生的種種成就中，包括年紀輕輕就擔任赫赫有名的北京大學教授，1946 年還出任該校的校長；抗日戰爭期間關鍵的 1938 至 1942 年出任中國駐華盛頓大使，在推動美國介入二戰、軍事支援中國方面，起了積極作用。在胡適生命中的最後四年裡，他擔任台灣中央研究院院長。1911 年滿清皇朝覆亡，西方嶄新和進步的思想湧入中國。胡適曾在不同的刊物當編輯，撰文介紹這些新思想。他的一生、他的文章以及他的思想，

影響、改變了無數中國人，是 20 世紀中國其中一位最偉大的公共知識分子。

2021 年 12 月 17 日，是胡適 130 歲冥壽。筆者有幸與香港三聯合作，出版一本他的傳記，作為對胡適的致敬。當然，大多數中國人都知道有個胡適，但對他豐富的一生能娓娓道來的，恐怕沒有幾個。在華文世界的學校課本裡，胡適佔不到重要位置。除了漢學家的圈子外，沒有外國人聽過胡適。當筆者和老外朋友談到胡適時，他們的反應總是：「誰是胡適？」

多虧胡適的寫作題材寬廣、產量豐富；而華文世界的學者有關胡適之感情和學術人生的論著，題材更寬廣、產量更豐富，筆者在此對他們深表仰慕和敬意，學者們的勞動成果，是本書的主要材料來源。筆者有幸，得以拜讀這些材料，就如一個謙卑的學生般，從中得益匪淺。我們在書末鳴謝諸位「胡適學」的先行者，感謝他們細緻縝密的學術挖掘和深入洞察。

胡適 1891 年 12 月 17 日在上海出生，祖家是中國東部安徽省鄉郊的一個傳統家族。在上海接受中學教育後，他負笈美國，先後入讀全美國頂級大學的其中兩所——康乃爾大學和哥倫比亞大學，前後共七年。這寶貴的七年，打開了胡適的眼界，讓他見識

先進的工業國家如何先進，過程中慢慢塑造他的性格。他性好交友、為人樂觀、英語流利，與外國人相處和與中國人相處，一樣從容。

胡適生於那個年代，是他的福氣。他的事業生涯始於 1917 年離美返國，終於 1962 年離開人世。從 1911 年辛亥革命成功到 1949 年中華人民共和國成立，這 38 年，是中國歷史上最自由開放的一個段落。知識分子有機會表達、出版他們有關政治、社會、文化、文學、宗教等的觀點，其自由開放的程度，是前後的年代都難以企及的。胡適充分利用這種自由。作為一個留美學生，他竟能就重要議題在當地發表文章，暢抒己見；而文章竟能在中國的雜誌上刊登，觸達廣大讀者。

滿清皇朝於 1911 年覆亡，亞洲首個共和政體於翌年誕生。帝制的結束，引發了思想和辯論的巨變，既有激烈的爆發，也有靜默的發酵：中國應如何建設新社會、形成新政府？傳統社會中哪些元素應予保留、哪些應予揚棄？這便給意念豐富、思想躍動的胡適造就了一個理想平台。圍繞婚姻制度、提高婦權、文白之辯、孔儒思想、科學和民主等問題，人們都想一聽他的高見。

胡適也有幸，能在一個無論是工業實力還是創新泉源方面都超

越了英、德兩強的國家——美國，紮實地度過了七年。在有關如何驅動經濟發展並重塑社會方面，這個國家是一部活的教科書，既有意念又有實踐。很少留美的外國學生像胡適般，懂得珍惜機會，充分善用身處彼邦的時間，滿載而歸。除學術追求外，胡適還投身認識美國社會，廣交朋友、編織人脈，無論是異國同胞抑或美利堅人。美國友人中有一個韋蓮司（Edith Clifford Williams），胡適與她從初相識算起，相交相知，維持凡半個世紀，感情非比一般。

日子有功，胡適慢慢成為一位完全合格的英語演講者，事實上，他的演講邀約是如此的多，以致於 1915 年，他就讀碩士的哥倫比亞大學哲學系撤銷了他的獎學金——他的教授們不滿他花太多時間在演講上，擠佔了他研讀哲學大師康德和黑格爾學說的時間。胡適對美國政治和社會的了解，甚至比很多美國人還深。正是這些對當時中國人來說還遙不可及的西方教育，令胡適得以以 26 歲之齡，晉身北大教授的行列。

胡適再一個幸運，就是他在美國所結交的，都是教育程度高、思想開明，且善待外國學生的一類人。根據美國 1882 年通過的《排華法案》，輸入中國華工已被禁止。那是兩種情緒疊加的效果：種族主義，加上當地白人勞工不滿華人願為較低工資工作，飯碗被

搶。但是，胡適在康大和哥大遇到的美國人教授、他們的妻子、學生等人，對胡適都很友善，甚且歡迎他加入自己的學術和社交圈子、過他們的社交生活。

不少美國華人住在紐約和三藩市唐人街的貧民窟，在面對暴力和歧視的惶恐下生活，而胡適則獲邀造訪精英階層的家宅，或與他們一道到郊外野餐，對他毫不見外；他們之中，有些成為胡適的終身摯友。這些體驗，在在令胡適對美式思維和行事大有好感。他尋思該等文化特質中，有哪些他日可帶回中國，加以弘揚。

留美七年，胡適還培養出日後讓他終生受用的個人技能和人際網絡，包括成為北美和英國的大學一位廣受歡迎的演說家，也包括為自己的國家籌措寶貴的外匯，以運營大學、修建鐵路，等等。他成為當時美國最著名的華人。此外，1941年秋，作為駐華盛頓大使的胡適扮演了一個非常關鍵的角色：在他的影響下，美國在最後關頭拒絕與日本簽署一項協議——假使當日簽成，日本偷襲珍珠港之舉便不會發生；沒有珍珠港事件，美國就不會捲入二戰；美國不參戰，中國就不會打贏抗日戰爭。

胡適對中國文化的最大貢獻，是以白話文取代文言文，作為中文的標準書寫形式。他在紐約他的寓所，一口氣把他那文學主張傾

瀉紙上，然後把寫成的篇章，寄到太平洋彼岸的北京《新青年》雜誌。文章於 1917 年 1 月發表，一旦面世，其影響迅速遍及全國。不到五年，民國教育部便在為學校用的課本改用白話文作準備；報章雜誌以及向其投稿的作者們也已棄用文言文。今天一切都在變、明天一切都已變，其勢之迅猛，出乎所有人的想像。這是一場革命：它賦予數以百萬計的普通百姓前所未有的機會，去接觸書面語以及它所裝載的知識世界。

透過演說、報章和雜誌推廣白話文，只是胡適眾多追求的事業其中一項。他還推動廢除婦女纏足、主張年輕人自由選擇婚姻對象、鼓吹性別平等和節育等。他致力推動一種新的教育理念——鼓勵學生養成批判性思維的習慣，未有確證，不予盡信。

為追趕西方，中國必須學習科技；絕不能盲目相信其「精神文化」優於「物質主義」的西方。胡適在 1961 年一次演說中詰問：「一個文明容忍像婦女纏足那樣慘無人道的習慣到一千多年之久，而差不多沒有一聲抗議，還有什麼精神文明可說？」又說：「一位東方的詩人或哲人坐在一隻原始舢板船上，沒有理由嘲笑或藐視坐在近代噴射機在他頭上飛過的人們的物質文明。」他戲稱這種愚昧為「梅毒化」（syphilisation）——當現代文明從西方傳來，在接受它之好的同時，你無法甩掉它的壞。1500 年代，葡萄牙商人為

中國的茶葉、絲綢、瓷器打開利潤豐厚的歐洲新市場的同時，也把梅毒帶到中國來。

此外，胡適也是一位有成就的學者，他的著作涵蓋中國哲學史、白話文學史、中國佛教發展史等；他統籌一個把數十部西方經典著作翻譯成中文的浩大工程，包括《莎翁全集》。終其一生，他寫過有關中國古典小說評論的文字，超過 45 萬字；單是對《紅樓夢》的鑽研，也歷時逾 30 年。對很多人來說，他的主要缺點是興趣太廣、對太多課題都感興趣，以致就單一課題的成就而言，他難以企及專攻該課題的學者；他很享受與友儕相處，把不少光陰都花費其中，故有人稱胡適為「半部博士」——他發表了一部著作的上半部，讓人期待下半部，但那下半部卻始終不見影蹤。

胡適的私人生活也同樣精彩。這個語文現代化的大旗手、自由戀愛的鼓吹者，偏偏最終根據盲婚啞嫁的老俗，娶了來自安徽鄉村的一位女子為妻。定親之時，胡適才不過 12 歲，與自由戀愛、自主婚姻相距十萬八千里。一雙未來新人幾乎沒有任何共通之處，以致胡適曾有一次嘗試擺脫婚約，但妻子的激烈反應，讓他打消了念頭，並從此不再提「離婚」二字。胡適一生中，與三位女士維持著長久的關係，她們一位中國人、兩位美國人。假使他晚出生 20 年，與他結為夫妻的，或將是她仁其中之一，而不是那位安

徵姑娘。

三位紅顏知己當中，胡適與韋蓮司的一段情誼最刻骨銘心。胡適
於康大求學期間（1910~1915）與韋蓮司初遇，自此以後的 50 年，
兩人信來信往達 300 封。我們今天之所以能讀到這批信，全賴韋
蓮司於胡適死後，把胡適寫給她的信全數贈予位於台北的胡適紀
念館，至於她寫給胡適的信，則由周質平教授於 1997 年在北大圖
書館發現。在與陳毓賢的共同努力下，周教授分別以中英文，寫
了一本關於胡韋二人浪漫故事的書，扣人心弦。

因著胡適的魅力、知識和迷人的個性，他的朋友圈子很寬，包
括蔣介石、美國總統小羅斯福夫婦及他的國務卿赫爾（Cordell
Hull）。台灣知名作家李敖形容胡適為一位對政治和社會均有巨大
影響力的公共知識分子。若胡適的生平能像啟發筆者般啟發其他
人，那就不枉筆者寫這本書了。

目錄

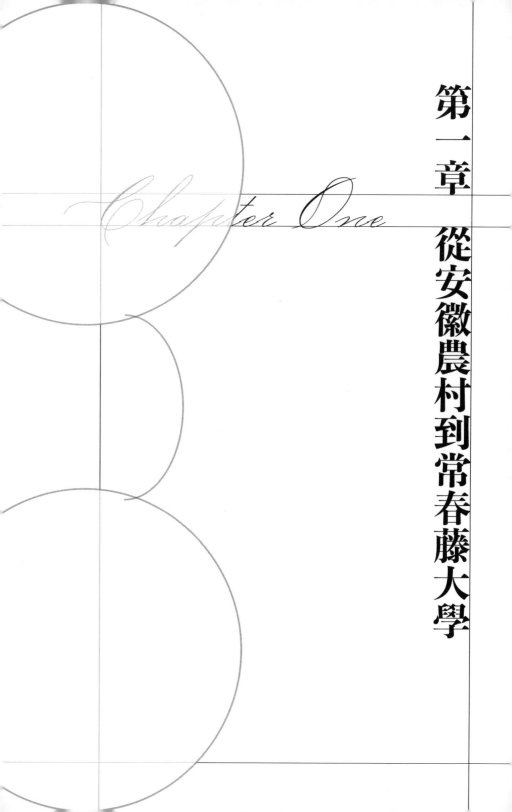

第一章 從安徽農村到常春藤大學

Chapter One

胡適生於 1891 年 12 月，在中國度過人生首 19 個年頭後，到美國住了七年。他三歲時便能認 700 個中文字，父母和老師很快就看出來胡適是塊做學問的好材料，故此，胡適母親在他 13 歲時就決定把他送到離家 440 公里、旅程需時七天的上海，接受新式教育——儘管這意味著她這一名寡婦今後須和自己的獨子遠隔兩地。這個高瞻遠矚的決定，讓胡適有較好的條件，為日後競爭異常激烈的庚款留學生考試做準備，並於 1910 年脫穎而出，成功取得赴美資格，被取錄者佔應考人數不到一成。當年 8 月，胡適與其他 70 名中國青年躊躇滿志，出發赴美。接下來的七年，胡適先後在康乃爾大學（Cornell University）和哥倫比亞大學（Columbia University）求學。該兩校是美國「常春藤聯盟」（Ivy League）八所院校的其中兩所，至今仍享譽全球。對一個外來學生，尤其是來自東亞的學生而言，胡適在當地所吸收的知識之博、所編織的社交和學術界網絡之廣，確實非同一般。這些歷練，讓他發展出在其他同代的中國人身上很難找到的洞見和技能；同時，在他人生頭 19 年，中華大地所經歷的顛簸動盪，也給了他一個歷史機遇——自古以來，中國一家一姓的皇朝興衰更替，來到最後一個大清皇朝，屹立 267 年之後，卒在 1911 年被推翻，代之而立的，是「中華民國」。民國成立伊始，繼承的是清末朝廷的爛攤子，體質羸弱，再加上群雄割據，國家實際上處於四分五裂狀態。應該如何建設這個新生國家，包括憲法如何下筆、政治和教育體制如何設計、官方語言文字如何定奪、怎樣處理與外部世界的關係，等等等等，中央政壇的袞袞諸公進行了尖銳而激烈的辯論。對滿腦子意念的胡適來說，這些辯論正好為他提供一個前所未見的平

台，讓他可與其他人作意念交鋒，冀真理越辯越明。如此這般的胡適若是早半個世紀出生，極有可能被抓捕、被投獄，甚至被處決。

胡適 1891 年 12 月 17 日在上海市郊一個官宦之家出生。父親胡傳，字鐵花，在上海淞滬釐卡（徵收關稅的機構）擔任總巡。胡適的生母馮順弟，是胡傳的第三任妻子。胡傳的元配馮氏 1863 年死於「太平天國」戰亂，未及為胡傳留下血脈；第二任妻子曹氏於 1878 年身故，所出三子三女中，長女在父親以 48 之齡迎娶年僅 17 歲的馮順弟時，芳齡已達 28，因此，胡適父母於 1889 年成婚時，母親比曹氏親生子女的其中一些年紀還小。胡馮兩家均來自華中安徽省東南部的績溪縣。中國坐擁全世界最多的人口，胡傳屬於這個國家的官僚系統的上層，他和他的同儕都飽學有成。朝廷差遣他們到哪裡，坐什麼官位，他們都一一聽命。

1892 年 3 月，胡傳奉命到台灣，擔任台南鹽務總局提調，即主管之職，把妻子和仍在襁褓之中的兒子留在上海。胡傳當時健康日差、雙腿腫脹，出任此職，乃不情不願；台灣島遠懸大陸以外，相對原始，且以蚊禍為患聞名，他只盼能得到一份靠近上海或家鄉安徽的差使。1893 年 4 月，在家人的陪同下，馮順弟帶著兒子遠赴台南，與夫婿團聚。同年 6 月，胡傳奉調就任台東直隸州代理知州，兼任鎮海後軍各營統領。他把妻兒留在台南，至安頓停當，乃於翌年 1 月把妻兒接往台東。儘管公務繁忙，胡傳身為人夫人父，總能抽出時間教妻兒認字。當年，為人父母的不認為非

得讓自己的女兒接受正規教育。馮順弟的娘家亦如是，因此她是從夫婿而不是從教書先生那裡學認字的。胡傳把要她認的每一個字寫在正方的大紅紙上；後來兒子也學，一年之後，當順弟帶著兒子離開台灣時，她已經認得近 1,000 個字，而三歲的小胡適則認得超過 700 個。胡傳早逝，馮順弟保存了那些大紅紙，作為夫妻倆短暫共處的珍貴紀念。

1894 年 7 月朝鮮半島爆發中日「甲午戰爭」，徹底顛覆了寶島上無數家庭的生活秩序乃至整個人生，胡家自不例外。1895 年 1 月，胡傳把妻兒先送返上海，稍事休息，再撤退到老家績溪。同年 4 月，甲午戰爭以清兵慘敗、日軍完勝的結局落幕，清廷代表被迫與日本簽訂《馬關條約》，喪權辱國的條款中，包括把台灣及周邊島嶼割讓予日本。消息傳來，台灣島民悲憤莫名、群情洶湧；有人發起成立「台灣民主國」，並推舉唐景崧為首任大總統，劉永福為大將軍。他們希望胡傳統領台灣南部的防務，抵禦兵臨城下的日軍。但時年 54 的胡傳健康欠佳，腳氣病令雙腿腫脹，舉步維艱。「大總統」無奈，允許他返回大陸。1895 年 5 月，日軍大舉在台灣北部登陸。不少台灣民眾拚死抗拒侵略者，日本部署了 10 萬兵力，進行了五個月的行動，才能控制住包括台南在內的幾個主要城市，最終此「民主國」維持了不到半年。雖如此，胡傳仍能覓路前往台南，並於 8 月 18 日離開台灣，返回大陸，在福建廈門登陸，惜四天之後於 8 月 22 日辭世，胡適後來形容他父親為「東亞第一個民主國的第一位犧牲者」。胡傳死時，胡適只有三歲零八個月大，母親 22 歲。噩耗傳到績溪，馮順弟晴天霹靂，跌坐地

上，家人一片哀嚎。胡傳在其遺言中囑託其妻，兒子天資聰慧，一定要保證他學業不輟。

因此，為胡適供書教學、把他養育成人的責任，就完全落到馮順弟身上。馮氏 1873 年生於一個貧窮農民家庭，住處距離胡傳的家不遠。她的父親既是農夫也是裁縫，共育有三個女兒，馮順弟是長女，他希望能有個兒子延續香燈，但這個盼想，要等到第四個孩子出生才能實現。馮順弟小時沒有機會讀書識字，但深知及早讓兒子接受教育，對他是多麼的重要，故而竭盡所能，勉力為之。她終身未有再嫁，把一切希望寄託在兒子身上。

母親的關愛和鼓勵，是胡適成功人生的關鍵。他在 1914 年 11 月 2 日寫給美國女性友人韋蓮司（Edith Clifford Williams）的信中說：「我有一位極好、極好的母親。我擁有的一切都要感謝她。」胡又在回憶母親的文章中說：「我母親管束我最嚴，她是慈母兼任嚴父。但她從來不在別人面前罵我一句，打我一下。」母親是個虔誠的佛教徒，要求兒子規行矩步。「每天，天剛亮時，我母親就把我喊醒，叫我披衣坐起。我從不知道她醒來坐了多久了。她看我清醒了，才對我說昨天我做錯了什麼事，說錯了什麼話，要我認錯，要我用功讀書。」

馮順弟把胡適送到績溪一所私塾，她付給教書先生的學費，比其他家長所付的要高，好讓先生對胡適加倍關顧，並為兒子逐字逐句詳加解釋；她本人也時刻以兒子的父親為楷模，引導兒子、糾

正兒子。胡適後來在《四十自述》中這樣引述母親的話:「你總要踏上你老子的腳步,我一生只曉得這一個完全的人,你要學他,不要跌他的股。」他解釋,跌股便是丟臉出醜。胡適飽覽的群書之中,有其父的著作;年方七歲時,能讀能寫不在話下;及至九歲,已經讀過《孝經》、《朱子》、《論語》和《孟子》。他在學校所讀的書都是文言文,那是已有兩千年歷史的古老語言,對活在 19 世紀的學生而言,猶如拉丁文之於歐洲學子一樣,與外文無異,須依賴教師逐字逐句講解、翻譯。為讓學生們記穩記牢,老師要他們反覆背誦課文,動輒好幾個小時。胡適後來用「殘暴」來形容這種訓練。在男孩背誦典籍的同時,女孩卻被摒諸校門之外;到得她們六、七歲的時候,便要纏足。胡適九歲時偶爾接觸到《水滸傳》,便如飢似渴地翻閱,此後,他讀了更多小說,其中不少是白話文。由於白話文是人們日常溝通的話語,那些小說遠較經典古籍好懂好讀。那段時間的浸淫,為他日後推動語文改革運動打下堅實的基礎。他後來寫道:「我在不知不覺之中得了不少的白話散文的訓練,在十幾年後於我很有用處。……就是幫助我把文字弄通順了。」人們公認,胡適具有過人的學術天賦,在學業方面很快就超越其他孩子;但他比其他人個頭小、體質差。因此,母親囑咐胡適別跟其他男孩一起玩,省得弄傷自己。

母子倆的感情固然親密溫馨,但他們所處的大家庭,成員之間的感情則未必如此。根據大清律例,作為婦女,馮順弟無權分攤丈夫的財產,只有男丁有此權利,因此她只能仰賴家中男性族人撥付資財,以供母子二人生活用度,以及保證兒子的教育。胡傳的

其他兒女本來就反對父親的第三段婚姻。胡傳的長子按律例成為新的一家之主，但他既是賭徒又抽鴉片，為此抵押了家中一切能典當的東西。每到農曆歲末、新春將至，債主們就登門討債，不見銀兩便整天賴著不走。故此，經營家族生意的重擔便落在二哥的肩上，但他和其他兄弟在上海、漢口經營的店舖，都只賠不賺。家族收入日見緊絀，馮順弟往往須就她母子生活的所需資財，向胡適的兩個同父異母兄長索要，爭議在所難免。年方20多的馮順弟，在家族中地位卑微。她心地善良，品性可人，即使被親戚激怒，也會選擇啞忍。胡適後來寫道：「如果我學得了一絲一毫的好脾氣，如果我學得了一點點待人接物的和氣，如果我能寬恕人，體諒人，——我都得感謝我的慈母。」他1914年6月8日的日記寫道：「吾母為婦人中之豪傑，二十二歲而寡，為後母。吾三兄皆長矣，吾母以一人撐拒艱難，其困苦有非筆墨所能盡者。」

為胡適的學業計，馮順弟決定把兒子送到上海這個中國財富最集中、發展最先進的城市，替他物色好學校。上海的精華地帶，在於英美共管的公共租界和法租界。兩個租界合起來，佔去上海大部份地域，且不受清政府節制。這意味著滬上有多所不同背景、不同學制的學校，為中國其他地方所無，當中有些由外國傳教機構開辦，有些由富有華人創辦。它們所開設的課程和所設計的學習活動，在清政府的教育系統中是不可想像的。由於先夫生前官位不低，俸祿不俗，家境好歹算是中國最富有的階層之一，馮順弟方能有此選擇和決定。胡適的三位異母兄弟也在上海讀書，家族在上海經營一家茶館，又在漢口開設一家酒莊。當時在中國，

能接受正規中學教育的中國人萬中無一，胡家子弟有幸入於鳳毛麟角之列。

馮順弟這個決定，一心只想著孩子，沒有多考慮自己——她知道，只有在上海接受教育，方能最大限度地讓孩子吸收新知，發揮潛能；若僅囿於陋鄉僻壤如安徽，兒子終其一生只能龍游淺水；另一方面，自夫婿撒手人寰後，她把全副心力都放在兒子身上，如今放他出去，意味著自己未來將失去生活的重心。為孩子著想還是顧念自己？主意既定，只能一往無前。從績溪到上海，是磨人的七天旅程。她心中明白，兒子一旦離家遠去，日後要見上一面，其難可知。也正是這最後的抉擇，讓胡適有機會躋身中國上層社會人數不多的精英圈。

不捨不捨還須捨，但送別之前，馮順弟還要先辦妥一件事：為兒子訂親。當時的中國，兒女婚姻大事皆聽命於父母安排。家裡為胡適選定的未婚妻叫江冬秀，她於 1890 年 12 月 19 日出生，較胡適剛好大一歲。江家居於距胡家約 20 公里的旌德縣，是當地一個顯赫而又有相當教育水平的家庭。江冬秀與馮順弟的家族是遠房親戚，她認得幾個字，是個半文不盲，雙腳纏足；父親死時，她才五歲，其時江氏家中富裕，胡府卻家道中落。經人介紹，當江冬秀母親呂夫人初見胡適，便認定這個少年異常聰慧，將會是女兒的理想夫婿。兩家安排胡適和冬秀二人初見後，即於 1904 年 1 月訂定婚盟——男方時年 13，女方 14。這對未婚夫妻要到 1917 年 12 月方行完婚，中間這近 14 年，將發生許許多多的事。

婚既訂，胡適便出發往上海。他這樣形容告別母親時的情況：「我母親……只我一個人，只因為愛我太深、望我太切，所以她硬起心腸，送我向遠地去求學。臨別的時候，她裝出很高興的樣子，不曾掉一滴眼淚。」接下來的 13 年，胡適往返上海和美國之間，卻只回去過績溪三次。馮順弟為兒子所作的這個重大決定，對兒子的前途大好，可憐對自己卻太苦。

上海：一個新世界

從績溪出發，徒步加上坐內河船到上海，需時七天。1904 年的上海，對一個來自安徽鄉郊的孩子來說，反差之大，足以撼動心靈。在家鄉，沒有郵局，沒有電報或報紙；而上海則有逾 100 萬人口，是繼東京之後東亞第二大城市，是中國的工商業首都，有煤氣燈，也通電力。可同時容納 2,500 人做禮拜、宏偉的聖依納爵主教座堂（Saint Ignatius Catholic Cathedral）正在徐家匯興建。上海有蓬勃的紡織工業，是中國重要的金融、貿易、航運、新聞和印刷中心，也是逃避清政府追捕的政治犯和其革命活動的溫床，因為清廷的捕快不能跑到外國租界抓人。1904 年 3 月，與胡適一同前赴上海的，有其同父異母的三哥作伴。三哥患上末期肺癌，到上海是為了治病。哥倆寄居於由異母二哥打理的「瑞興泰茶葉店」，該店位於南市，規模不小。

胡適很快就發現自己聽不懂當地大部份居民說的上海話，而上海話又是滬上大部份學校的教學語言；反過來，沒有人聽得懂他的

安徽家鄉話，他只好硬著頭皮學本地話。胡適不單很快就學到手，且能説得流利。那是中國歷史上一個非凡的時期，上海充斥著改革主義和革命思潮，部份是因為它那外國租界的特殊地位。這裡的中國人可以説、寫、出版一些別的地方不能説不能寫不能出版的內容。改良也好，造反也罷，人心思變之所以能發酵，是人們普遍相信清朝已經病入膏肓，命不久矣。數以千計的中國人到日本留學、工作，近距離觀察到日本從 1868 年起「明治維新」運動所帶來的非凡成就。當胡適還是個孩子的時候，面對日軍武力犯華，中國軍隊曾吃過恥辱性的敗仗；日本皇軍又於 1904 至 1905 年歷史性地擊敗俄國的海軍，寫下一個亞洲國家在軍事上擊敗一個歐洲帝國的首例。若一個「小小的」日本能做到，強大如中國為什麼不能？畢竟 1820 年的中國，其國內生產總值已佔到全球的 32.4%，冠絕全球。

胡適發現，上海有人支持孫中山醞釀推翻清政府，學生們正熱烈討論推翻清廷後，中國應建立一個何等模樣的政體──是共和國、是日本或英國式的君主立憲，還是別的？年輕的胡適熱切地投入熾熱的討論，他曾寫道，自己 13 歲前已是個革命派。當時對他影響最深的，是梁啓超。生於 1873 年的梁氏，是 1898 年「戊戌變法」（又稱「百日維新」）的發起人之一。該運動主張中國在政治、經濟、教育等方面進行重大的制度革新，包括改革國家機構、考試用人制度，乃至仿效西方推行君主立憲；又主張發揮地方和個體的作用。變法遭宮廷的建制保守勢力極力反對和鎮壓，並大舉抓捕運動頭領，包括梁啓超在內的維新派被迫逃亡保命。

梁氏去了日本，在彼國生活了 14 年。他是個多產的作家，其思想啟發了無數中國青年，胡適是其中一人。

在寓居上海的六年半期間，胡適曾在三所學府就讀。第一所是以上海話教學的「梅溪學堂」。該校成立於 1878 年，是上海首家學校提供現代教育課程，包括中國文學、數學和英文。學堂的創辦人張煥綸，早年與胡適之父胡傳是同窗，後來成為好友。胡傳死後，張煥綸為故友撰寫傳記。在上海，胡適首次接觸到報章。報上吸引他的內容之一，是有關日俄戰爭的詳細報道，他和同學們強烈支持亞洲鄰國日本抵抗沙俄。其時，胡適已飽讀經書，國學根基相當了得，卻首次從報章上認識日本，包括它快速現代化的進程，心想：若日本能，中國為何不能？他也讀到有關主張推翻滿清的革命論述。

胡適還在梅溪修業的時候，就收到三哥死於肺癌的噩耗；在校僅六個月，胡適就和三位同學一道，被學校推薦參加上海道衙門的公務員選拔試。為與滿清政府劃清界線，他和其中兩位同學拒絕接受推薦並即時退學。這舉動，很像是當年充滿「革命激情」的年輕人。

離開梅溪後，胡適轉到「澄衷學堂」。那是另一所新式學校，由一名寧波商人於 1900 年創立。學堂的首任校長，是後來的中華民國首任教育總長及 1916 至 1927 年北京大學校長蔡元培。當胡適 1917 年從美國留學歸來後，聘請他到北大任教的，正是這位蔡

校長。和胡適一樣，蔡元培是中國改革和現代化運動的先驅。在澄衷，胡適主攻英文和數學，學校嚴格的管理，加上個性化的教學，令他學業猛進。胡適在那裡共修業 18 個月，他讀過的書中，包括英國生物學家兼人類學家赫胥黎（Thomas H. Huxley）所著之《天演論》（*Evolution and Ethics*），由嚴復翻譯，於 1898 年出版，廣為當時中國的中學採用。赫胥黎支持達爾文（Charles R. Darwin）有關「物競天擇，適者生存」的理論，並主張對任何事物作結論前，均須經科學探究。胡適和他的同學們從中體會到，要在國際社會立足，中國必須適應世界，大幅改變自己；胡適甚至決定連自己的名字都改掉——他原名嗣穈，讀書時曾取名洪騂，他的二兄建議他取名「適」，取合宜、合適、適當之意。他最後決定以「適之」為字，取適應它之意，並在辦赴美留學的手續時，在申請表中填上「胡適」，自此，這個名字便追隨了他一生。

1906 年夏，胡適再轉到他在上海就讀的第三所，也是對他產生最大衝擊的學校——中國公學。當時該校成立不久，起源卻不平凡。當年，日本是中國學生首選的留學目的地，1905 年 11 月，日本文部省頒佈《清韓留學生取締規則》，對外來留學生施加嚴格規限，主要針對韓國和中國學生。在日本留學的中國學生認為，規程有貶低華人之嫌；其中，東京有約 8,000 名華生發起罷課、示威，男學生陳天華寫了洋洋五千字的《絕命書》，然後憤而跳海輕生。事件一發不可收拾，約 3,000 名學生紛紛離校回國。12 月 21 日返抵上海後，他們決定創辦自己的學校，即中國公學。

公學設於上海四川北路黃板橋以北，於 1906 年 4 月 10 日開課，首批學生共 318 人。對胡適來説，能在該校修業超過兩年，確實是交上了好運。上海大部份學校都用本地話教學，但由於公學的學生來自全國各地，故以官話為教學語言。在這裡，胡適的同學中有不少較自己年長，且來自五湖四海，和他一樣來自安徽的僅 12 人，這種「大雜燴」的背景，讓胡適有機會了解中國不同地方的情況，以及留日學生的鮮活體驗，當中有些還成了他的至交。胡適十分投入學校生活：他修讀詩詞和白話文，擔任學生刊物《競業旬報》的編輯，自己也投稿白話文的文章，這對他日後從美國學成歸國後推動文學革命，是絕佳的歷練。胡適這時期的文章，涵蓋他日後將探索的主題，例如主張廢除纏足陋習、反對婦女被摒諸學校門外等。胡適活躍於學生事務，經常開會。這時的他大概不會想到，自己將於 1928 年 4 月到 1933 年，擔任中國公學的校長。

1906 年 6 月底到 9 月初，他回到績溪老家。這時，他正受腳氣病折磨，那是一種因身體缺乏硫胺素（即維生素 B1）而引起的疾病。無奈，他只好在家臥床休養。胡母能朝夕見上兒子的面，加上得悉兒子在各門功課上皆有進步，大感安慰。胡適在家中沒有閒著，他埋首讀詩寫詩，漸漸地，他發現自己對文學世界有極濃厚的興趣。

常言道花無百日紅，胡適和中國公學的蜜月期很快就到頭。自 1907 年末起，學生和校董們之間圍繞校政問題起了爭執，導致學生鬧學潮；及至 1908 年秋，由於不滿失去對校政的話語權，部份

較激進的學生起而退學，另創新校——中國新公學，胡適是當中的一員。父親胡傳身後留下的幾千兩銀子，雖是很大一筆財富，無奈那既要支持胡適的學業，又要補貼漢口和上海兩盤賺不了錢的生意，很快耗盡，終無法繼續支持胡適就學。管理上海茶舖的二哥疏於照料生意，最終被迫把家業賣給債主，胡適只好把《競業旬報》的編輯部權當棲身之所，三餐也在出版社的食堂解決。他以出版社微薄的工錢，加上在新公學兼職教授兩班低年級英語的薪資，勉力支撐。期間，他讀了狄更斯（Charles Dickens）、雨果（Victor Hugo）和托爾斯泰（Leo Tolstoy）的英文版著作。1909年11月，胡適不再教英文，與幾個朋友合租海寧路一處公寓，一起生活。1910年初，胡適在中國公學時期的教授王雲五，介紹他到新辦的「華童公學」任國文教師。該校之創立，旨在為貧困家庭的孩子提供教育機會。工作開展了，胡適方知任務艱鉅：孩子們在家沒受過什麼教育，粗野、不受約束。他感到壓抑和沮喪，陷入一種與那個從安徽老家出發，好不容易一步步走來的、規行矩步的年輕人格格不入的生活：他和朋友酗酒、打麻將，晨昏顛倒，睡無定時。3月16日傍晚，他在一家妓院度宿，到清晨6點返家批改學生作業，然後到學校上課。

那天後不久發生了一件事，讓胡適猛然從糜爛生活中醒過來：他襲擊了一名巡捕，結果要在牢房度過一宿。宿醉初醒，他發現自己滿身污穢，衣衫不整，一隻鞋不知道什麼時候弄丟了。他問巡捕發生了什麼事，巡捕告訴他，他半夜在海寧路巡邏時，看到胡一邊大喊，一邊揮動著一隻皮鞋。巡捕用電筒照向胡適，胡開始

1909 年的胡適

辱罵他是「外國奴才」（因為巡捕隸屬英國人的治安部隊），又用皮鞋打他，二人打成一團，跌倒地上。不巧當時大雨滂沱，地上濕滑，巡捕截停路過的馬車，兩位車夫幫忙制服這個醉酒鬼，把他送到巡捕房去。幸得老天爺保佑，當警官巡捕胡適姓甚名誰、幹何職業時，半醉半醒的胡如實相告：「他聽說我是在華童公學教書的，自然不願得罪我。」華童公學在當地享負盛名，警官只向

他開出五元的罰單，聊作湯藥費和損毀電筒的賠償，不另追究。

是次折騰，讓胡適羞愧不已，也叫母親傷心失望，他故而起誓，今後不會再犯。他幾乎把喝酒習慣戒絕，轉而潛心投入新的事業。自 1908 年起，他汲汲以求，冀可到美國留學。美國這個國家展現難得的開明，讓無數想負笈美國的青年學子看到希望。1906年，美國伊利諾伊州大學校長詹姆士（Edmund J. James）向美國總統狄奧多‧羅斯福（Theodore Roosevelt）[1] 建議，利用「庚子賠款」設立專為幫助中國青年學子到美國留學的獎學金。根據《辛丑條約》，清廷同意就 1900 年「義和團之亂」期間對外國在華僑民的人身和財產損失作出賠償，總額為四億五千萬両紋銀（因 1900 年為庚子年，故稱庚子賠款或庚款），年息四厘，從 1901 年起分 39年攤還，至 1940 年還清。在 11 個國家中，美國分得賠款總額的7.32%。詹姆士在致老羅斯福總統的信函中說：「中國正處於革命的邊緣，哪個國家能成功教育這一代的中國青年，哪個國家就能在付出若干努力後，在道德、知識和商業影響力方面，取得最大限度的收穫。」當其他西方強國正忙於最大限度地爭取他們在中國的商業和外交特權時，老羅斯福毅然接受了詹姆士這深具遠見的建議。美國於 1909 年推行詹姆士的獎學金計劃，用攤分得的庚款遴選、培訓準留學生，支付他們的旅費和學習。計劃為像胡適般家裡經濟條件不足以赴美留學的學子，打開一扇門。1910 年是計劃推行的第二年，甄別試於 7 月底舉行。胡適辭去教職，在未來數月專心應試。

1909 至 1929 年間，庚款留學計劃共保送了約 1,300 名中國學子到美國，考試競爭異常激烈，其中若干年的錄取率甚至低於 10%。獎學金造就了不少傑出人才，包括日後的諾貝爾物理學獎得主楊振寧。胡適後來對中美兩國所作的貢獻，是庚款獎學金其中一個最驕人的成果。

在胡適的求學歲月中，有一位叫許怡蓀的密友，對他幫助極大。他鼓勵胡適去考庚款試，甚至在財務上大力支持，包括定期匯給胡母生活費、代為清償一筆小債務、備試兩個月期間的用度，以及前往北京應考的路費。從安徽績溪時期到中國公學時期，胡許二人同讀一班、共住一室。許本人於 1913 年前往日本留學，於 1916 年返國。令人痛惜不已的是，他在回國三年後與世長辭。胡適寫了一篇令人動容的長文紀念他，讚美這恩人兼摯友至忠至誠，今後再難找到比他更好的朋友。

庚款計劃的取錄試要求甚高，考核範圍包括中、英兩門語文、西方古代史和現代史（包括希臘和羅馬）、梭倫（Solon）和萊克格斯（Lycurgus）的思想、一門外語（必考法文或德文，另可加考拉丁文）、代數和幾何、物理、化學、植物學和動物學。評核標準與在美國當地報考大學無異。1910 年 6 月 28 日傍晚，胡適和二哥搭乘在中國還屬新鮮事物的火車，於 7 月 3 日抵達北京。多虧胡適二哥的一位朋友幫忙，他才能住進學校。首先考的是中文和英文，胡適在這兩份考卷都有卓越表現，應考的 150 人中，他得分排第十。第二部份考其他科目，均非胡適的強項，他從未修讀

1910 年 8 月，當屆庚款留學生全體於上海合影，站立者二排左一是胡適。此照片是胡的好友趙元任於 1945 年送給他的。

過拉丁文、法文或德文，結果僅能排第 55。然而計劃錄取的名額為 70 人，他的成績已足夠入選有餘。可惜的是，胡適已經沒有足夠時間，回績溪拜別至親至愛的母親。1910 年 8 月 16 日，他與另外 68 位同期庚款生（有一位因故放棄成行）在上海登上美國太平洋郵輪公司（Pacific Mail Steamship Company，通稱花旗輪船公司）旗下的「中國號」，懷著對大洋彼岸的美好憧憬，航向美國舊金山（即三藩市）。

這一刻，是胡適一生中最重要的時刻。他在美國生活的七年，讓他日後走上一條他母親以至他自己都不曾想像的人生路。若當初他留在中國，他也許就是一名教師、一名編輯，或者一名公務員。他之所以能在考試中脫穎而出，全賴他自身學術上的能力、經年累月的堅毅學習，以及母親的信念和犧牲。在上海三所學校合共六年半的光陰一路走來，對一個中國少年來說，是一段非凡的經歷。數百年來，所謂教育，就像胡適之父胡傳所接受的那一套，向來是死記硬背經書、嚴格服從師訓；先生滔滔說文解字、學生默默恭聽抄寫，課程歷百年不曾稍改。但胡適和他的同學們所修讀的科目，從未在傳統課程中出現，經歷兩次轉校，頓覺眼界大開。中國公學是三所學校中的異類，乃由希望掌舵教育方向的一群學生創辦。學術觀點相容或相左，師生之間可以激辯；校政方針若有分歧，他們膽敢挑戰主管。這種鍛煉，為胡適日後在太平洋彼岸發展，做了絕佳的準備。這一切之所以能發生，全因上海的特殊地位——英、美、法三國在中國領土內行使治權，願意給予新型學校自由空間，容許新聞出版事業蓬勃發展。胡適和他的同學們認定大清政權已經日薄西山、時日無多。強大的清兵竟敗於小小的日本皇軍、義和團之亂竟發展至巨額庚子賠款，奇恥大辱在在顯示了清廷已無力管治這個國家。年輕人相信，他們應該善用大好青春，為推翻腐朽的清廷、迎接新生的國家，做好準備。

譯註

1 因羅斯福家族在歷史上出了兩名美國總統,而以狄奧多‧羅斯福任期較早,因此又被稱為老羅斯福;本書後文將會提到另一名總統富蘭克林‧羅斯福(Franklin Roosevelt),簡稱為羅斯福。

本章資料來源

Harriet Chien-ming Twanmoh:*Hu Shih and Female Emancipation in China*(胡適與中國的婦女解放),澳洲國立大學,1966 年。

江勇振:《舍我其誰:胡適》第一部(1891-1917),聯經出版,台北,2011 年。

唐德剛:《胡適口述自傳》,遠流出版,台北,2010 年。

陳毓賢、周質平:*A Pragmatist and His Free Spirit : The Half-Century Romance of Hu Shi and Edith Clifford Williams*(一位務實者與他的自由魂:胡適與韋蓮司半世紀的羅曼史),香港中文大學出版社,2009 年。

湯晏:《青年胡適 1891-1917》,春山出版,台北,2020 年。

第二章　康乃爾大學：新世界的啟蒙

Chapter Two

搭載著胡適和一眾庚款生的輪船先後在日本長崎、神戶和橫濱停靠，讓這些中國年輕人有機會一窺東洋港口城市的風貌。有與胡適同行的，形容他瘦削，看上去不太健康，但卻充滿自信；愛辯論、愛玩紙牌。庚款生要作出一個決定：如何處理那條根據大清律例，男子必須蓄留的辮子？剪，就是犯禁；留，就等著讓美國人譏笑。胡適早就拿定主意：剪！他把剪下來的辮子寄給母親，讓她妥為保存。他們在上海出航以前，就有各界的歡送會，國人普遍視他們為代表國家的民間大使。到達大洋彼岸後，這種禮遇一路延續，從夏威夷、三藩市，以及由美國西岸坐火車途經的主要城市，直到抵達東岸。華人留學生組織宴請他們，在陌生異地，沒有比這更讓人感到溫暖。和飄洋過海出賣勞力的華工相比，留學生是何等幸福！美國於 1882 年 5 月通過《排華法案》（*Chinese Exclusion Act*），禁止輸入華工。美國白種人對華工普遍懷有敵視，因為他們願以較低工資、較差工作條件受聘，從而搶去當地低下階層勞工的飯碗。《法案》既反映了這種情緒，也反映了普遍存在的種族歧視。此前，美國已經於 1875 年通過法律，禁止華人婦女移居美國，有關法例沒有明文禁止女性華人入境，但法例實踐的結果，只有男性外交官、教師、商人和學生不受此例影響；《排華法》直到 1943 年方被撤銷。幸運的是，在胡適等人留學和生活的大學城，當地居民思想都很開放；這批年輕人從未經受他們的中國同胞在舊金山、紐約或其他大城市唐人街所遇到的種族歧視。

1910 年 9 月 18 日，胡適抵達紐約上州的伊薩卡城（Ithaca）[1]，

是康乃爾大學所在。康大招收了 19 名華人學生，是當年美國所有招收庚款生的大學中最多的。該校是一所私立大學，創立於 1865 年，是美國其中一所思想最開放，並少有願意接納不同膚色、不同國籍的學生的大學。胡適有幸，能在這所大學就讀。1870 年，康大在校生分別來自美國 28 個州和 11 個國家，包括日本；到了 1908 年，該校共有日籍校友 53 名、華籍 37 名、菲律賓籍 26 名、印度籍 16 名、韓國籍 1 名。1866 年，該校招收了首批美籍非洲裔學生，也突破性地招收了首批女性學生。在這種機緣之下，胡適有機會認識背景廣闊的男男女女，這是一種幾乎所有中國人、甚至大部份美國人想都不曾想過的體驗。胡適到校那年，康大有約 5,000 名學生，其中 700 至 800 名是女生。大學只有兩座女生宿舍，故胡適和其他七位中國學生在鎮上一座房子租了幾個房間，房東是一位老婦。胡適在 1915 年寫的一篇文章中說，他出國之初，「是一個徹頭徹尾的民族主義者。然而，由於我跟一些最可愛的南非、南美、菲律賓、日本以及猶太人等有了親密的往來，我終於逐漸摒棄了早期的偏見」。

1900 至 1949 年間，在康大註冊入學的中國留學生共有約 3,500 人。胡適和同學們很有福份，受到教授們一家的熱情接待，他們自覺不單有責任在教室向新來者授業解惑，還應該歡迎他們投入這裡的教會和社交生活。要了解美國，除在課堂裡、圖書館、實驗室學習，同時必須嘗試融入美國人社會。這種機會，在當年乃至今天，也並非每一位留學生都能遇上，胡適卻用雙手緊緊抓住它。留美期間他得享的那種溫暖，加上允許他行動自由的寬容，

是為何他一生都鍾愛美國的主因。

學些有用的

胡適家裡希望他修讀鐵路工程或者礦冶工程，既能賺取豐厚收入、解決家道中落的問題，又能為國家振興實業。他們力勸他別選修文學、哲學或法律等他們覺得無用或至少「沒有錢途」的學科，由於對家裡推薦的幾門課提不起興趣，作為折衷，最後他選了農業。胡適晚年在台灣表示，選農科可以「以農報國」。康大的農業學院甚有名氣，胡適入學的頭一年，該院共有學生 1,230 名，冠絕全美國大學。農科尚有一個更實在的優點——學費全免，因此胡適可以把部份獎學金省下來，匯給在老家過著清貧生活的母親。隨胡適飄洋過海的行囊中，裝了 1,300 卷線裝書——他並未打算以遠處異邦為由，中斷他窮經究典、自得其樂的習慣。

胡適在康大第一學年裡所修讀的課程，包括植物學、生物學、氣象學和化學，都是農業研究的基礎學科。此外，胡適還加修英國語文，包括《亨利四世》和《羅密歐與朱麗葉》等莎士比亞戲劇作品；又修讀德文，以利他剛開始研讀的德國文學。1911 年 2月，胡適自修拉丁文；同年夏天，再學希臘文，兩者均不在學校課程之列，從中可以看到他那濃厚的學術好奇心和自律——他必須在密密麻麻的學術和社交日程中，再擠出額外的時間；這還不止，他也看自己越洋帶來的書。1911 年 6 月，胡適第一個學年的考試成績公佈，他在「英文（一）」取得 89 分佳績，其餘各科表

攝於康大時期

現也不俗:「生物(一)」得 82 分,「植物學」和「德語(二)」均得 80 分。

9 月 28 日,秋季學期開始。兩個星期後的 10 月 10 日,中國武昌爆發舉世震動的「辛亥革命」,成功推翻了統治中華大地 268 年的大清皇朝。消息很快傳到大洋彼岸,留美學生大喜過望,但同時也對局勢如何發展十分忐忑。中國的局勢在美國人當中引起極

大關注，他們極欲知道事件的歷史和現實意義，以及對美國將有何具體影響，於是紛紛邀請華人留學生出席座談，聽他們報告時事、分析時局。胡適是受邀請對象之一，他本身正有此意，可順便試煉自己用英語公開演說的能耐，也是一個學習如何與西方人互動的絕佳良機，令他一生受用無窮。故此，胡適在 1912 年選修公開演說的課程，並透過到教會、學術團體和婦女組織發表演說，不斷磨練。慢慢地他發現，要講好一場演說，他必須了解時事、改進寫作技巧、練習如何用清晰、簡潔的言語，把腦中的意念表達出來。

大清皇朝覆亡，中華民國誕生，孫中山就任臨時大總統。推動他一路走來的指導思想，有不少與胡適在康大接觸到的相同。孫中山在檀香山接受了五年教育、在香港八年，其政治主張「三民主義」，明顯有著美國政治理想的影子。孫中山自稱，其治國理念深受 1863 年 11 月時任美國總統林肯「葛底斯堡演說」（Gettysburg Address）的影響，其中，林肯認為政府的本質應是「民有、民治、民享」（of the people, by the people, for the people），孫中山主張應效法美國，實行國家行政、立法、司法三權分立。可惜，他在位不到三個月，就在 1912 年 3 月 10 日遜位予北洋軍閥領袖袁世凱。初生的民國成為各路軍閥爭疆奪土、競逐大位的舞台，追求民主立憲政體的呼聲，淹沒在隆隆炮聲之中。

場景拉回康大。胡適發現他不應該唸農科，這不是他的興趣所在。不像大部份他在祖國的同胞，他不在農村長大，伴隨著他的

是他父親搜羅、珍藏的傳家之寶和書籍，以及同父異母兄長欠下的一屁股債；接著，他在全中國都市化程度最高的上海生活了六年半；再加上，他在美國所學的農業，是怎樣養牛養羊養馬，怎樣種植大片大片的玉米地、小麥地，怎樣種蘋果和柑橘類果樹，跟他的安徽同鄉們所從事的農業，完全是兩碼子事。胡適在他的回憶錄裡，舉了一個很生動的例子，充份說明這種差異：在康大，他學的其中一門課叫「果樹學」（pomology），經常要跑到果園裡，辨認 30 多種蘋果。他的美國同學就在蘋果樹叢中長大，不用把蘋果剖開，光看外表就能分辨出不同種類。來自中國的學生可苦了，即使他們把蘋果帶回實驗室切開，也還叫不出來所有品種。他在口述自傳說：「我那時年輕，記憶力又好。考試前夕，努力學習，我對這些蘋果還是可以勉強分類和應付考試的；但是我深知考試之後，不出三兩天——至多一週，我會把那些當時有 400 多種蘋果的分類，還是要忘記得一乾二淨。我們中國，實際也沒有這麼多種蘋果，所以我認為學農實在是違背了我個人的興趣。勉強去學，對我說來實在是浪費，甚至愚蠢。」自童年開始，胡適就喜愛文學；他在康大選修英國、法國和德國文學，更加深了對文學的喜愛。「辛亥革命」的爆發，是促使他轉科的另一個原因；他要作的演講，又促使他探究近代史和時局時事。

因此，胡適於 1912 年 2 月正式轉到哲學系。他新選的科目包括藝術、道德倫理、文藝復興、商業管理、政治體制和比較政治、法國語文、迄 1642 年之英國戲劇、維多利亞時期詩詞等。修讀這些，令胡適感覺自在多了。他又在夏季學期增修公開演說、公共

財政、歷史（包括大英帝國的發展和拿破崙時代）。在接下來的兩年，他修的課包括道德倫理史、德國哲學文獻、康德哲學批判、經驗主義與理性主義等。1914 年，他分別取得康大文學學士和文學碩士學位。緊接著，他開始留校深造哲學。胡適很喜愛康大所坐落的伊薩卡，那是個位於紐約市西北 360 公里、紐約州五指湖（Finger Lakes）區的中等規模城市。他享受這裡的湖光山色和寧靜，在這座城市，人們夜不閉戶。不過，作為一個來自中國南方的人，他受不了寒夜的冰冷、冬風的凜冽。

「世界大同俱樂部」和「新和平主義」

康大官網描述了當年胡適課堂以外的諸多活動。他在 1910 至 1911 學年加入了「中國學生會」和「世界大同俱樂部」（Cosmopolitan Club，有譯「世界學生會」）。俱樂部成立於 1904 年，是康大首個外來留學生組織，1910 年在布萊恩特大道（Bryant Avenue）301 號自資興建了會址大樓。俱樂部舉辦講座，由教授或學生主講，又組織社交活動，以及安排與其他大學交流。胡適在康大的日子裡，一直活躍於俱樂部，期間曾出任 1913 至 1914 年度會長，並視之為一個寶貴機會，和來自世界各地的學生接觸，豐富他對該等國家之了解。他在口述自傳中說：「這就是我在美國留學期間最重要的收穫之一方面。」他在康大和其他大學出席全國性的世界大同俱樂部會議；自 1911 年夏天起的三年裡，胡適乾脆住進俱樂部大樓。1913 年 12 月，他是華盛頓一個國際會議的其中一名代表，該次會議的全體代表獲時任美國總統威爾遜（Woodrow Wilson）

康大時代，胡適（左二）與外國同學郊遊。

和國務卿布萊恩（William Jennings Bryan）接見，這是他和美國政圈的首次近距離接觸。

在 1912 至 1913 學年裡，他加入了兄弟會「Phi Beta Kappa」，並協助籌備於伊薩卡舉行的「全美東中國學生聯盟第九屆年會」。1914年 5 月，胡適獲哲學研究生獎學金，又以〈論英詩人卜郎吟之樂觀主義〉（*A Defense of Browning's Optimism*），獲英文系頒發「卜

郎吟文學論文獎」（Corson Browning Prize）[2] 及 50 美元獎金。胡適是首位獲得此獎的亞洲人，單這點事實，就值得《紐約先驅報》（*New York Herald*）等美國報章予以報導。那筆獎金來得正好，胡適正需要它來補助生活費，以及確保定期匯給母親的款項不致中斷。1913 至 1914 學年，他擔任《中國留學生月刊》國內新聞編輯。他的廣博知識和流利英語，讓他成為一位備受歡迎的公共事務講者，截至 1915 年 3 月的三年裡頭，他一共進行了大約 70 場演說，全部用英語，題目包括〈孔教與道教〉、〈中國婦女〉、〈基督教在中國的機會〉，以及〈中國參戰〉（指第一次世界大戰）。胡適深度參與美國社會和政治事務，慢慢地，他對此甚至比許多美國人知道得更多。

胡適和其他中國留學生，一共向康大捐贈了 300 冊中文書籍，涵蓋文學、經濟、孔教與道教、歷史等，都出自名家手筆，附英文譯本和摘要。這批贈書，後來都歸入康大的「華森文庫」（Wason Collection）。胡適曾說，看到康大的圖書館成為美國最好的東亞典籍收藏所之一，他甚感欣慰，並對幫助圖書館成長，感到責無旁貸。該文庫以查爾斯・華森（Charles William Wason, 1854-1918）命名，以紀念他於 1914 年把藏書捐贈予母校，是康大歷來收到的最大一批圖書捐贈。今天，文庫擁有專著逾 60.8 萬部，包括中文 37.3 萬部、日文 14.7 萬部、韓文 1.05 萬部，以及各種西方文字 7.8 萬部。

第一次世界大戰與諾曼・安傑爾

在世界大同俱樂部舉行的眾多會議中，胡適遇上了英國新聞工作者諾曼・安傑爾（Norman Angell）。安傑爾是胡適那一代人中最著名的和平主義者，他 1909 年出版了《大幻覺》（*The Great Illusion*）後，陸續被翻譯成多種文字，在全球各地都產生影響。主導全球事務的帝國主義強國之間衝突不斷，禍及無辜小國和人民，在這情勢下，無數人正尋找出路：可有處理環球事務的新思維、新模式、新秩序、新途徑？安傑爾的書至少提供了一個可能的答案。基於此，安傑爾於 1933 年獲頒諾貝爾和平獎，以肯定他那本大作對世界和平的貢獻。根據他的論著，歐洲各經濟體已經融合到一個境界，你中有我、我中有你，使任何開戰意圖都終將歸於徒勞，仗是打不成的、窮兵黷武是過時的。《大幻覺》面世不到十年，第一次世界大戰就爆發，證明安傑爾錯了。可是，大戰造成的人命損失實在過於巨大，無形中為他那後來被稱為「新和平主義」（New Pacifism）的運動注入動力。1915 年，美國的安傑爾支持者創辦「國際政治俱樂部」（International Polity Clubs），先後於 1915 年在康大、1916 年在伊利諾伊州舉辦了兩次國際會議。胡適兩次都出席了，在前一個會議上，胡適認識了安傑爾並聽了他的演講。這些會議的結果之一，是影響了胡適返回中國後對世界大戰的反應。

聰明的中國政府宣佈在戰爭中保持中立，不讓戰火燃燒到由外國管轄的 40 個租界和租借地。這些國家中，最具侵略性的是日本，

一共佔去八個。1915 年 1 月 18 日，日本駐華公使面見中華民國大
總統袁世凱，遞交了史稱「二十一條」的要求，若全盤接受，中
國將丟掉整個滿洲地區，以及對經濟的控制權。各地民眾得悉有
關密約後，群情洶湧，並掀起一片抵制日貨的浪潮，令日貨對華
出口大跌 40%。感到恥辱和憤慨的不單是大陸民眾，海外僑胞的
反應亦無例外，包括胡適和一眾康大華人。人們多半要求與日本
開戰，其中，胡適是呼籲冷靜和反思的極少數之一。他很清楚，
一旦與日本開戰，中國必敗無疑——就如 20 年前一樣。正是當年
中國吃敗仗，加速了胡適父親的離世。他在《中國學生月刊》上
發表公開信說：「讓我們冷靜下來，盡我們的責任，就是讀書，不
要被報章的喧囂引導離開我們最重要的任務。」又說，「遠東問題
最後解決的辦法，並不在於我們立刻和日本開戰，或者在於其他
列強的干涉」。他的這番言論，惹來強烈，有時是暴烈的反對。
他再投稿到報章解釋他的觀點說，當此 20 世紀，沒有一個國家
能奢望和平地操控或干預別國的內部行政事務；日本試圖控制中
國，將造成天大的麻煩云云。胡適多有遠見、料事多準確！他在
1915 年 2 月 21 日的日記中這樣寫道：「國無海軍，不足恥也；國
無陸軍，不足恥也！國無大學、無公共藏書樓、無博物院、無美
術館，乃可恥耳。我國人其洗此恥哉！」儘管胡適的同學不贊同
他的見解，但他們還把胡適當朋友、仍推舉他擔任旅美華生雜誌
的編輯。「國際聯盟」（League of Nations）於 1920 年在日內瓦成
立後，胡適和其他人一道，創立「國聯中國同志會」（The Chinese
Association for the League of Nations）。

胡適的友人不局限於中國人，也包括日本人，這點在華人之中比較少見。胡適故意跟東洋同學來往，希望了解他們對事物的看法。他知道，在走現代化道路、追趕西方世界方面，日本有不少地方值得中國借鑒。20 世紀其中一個最大的悲劇，是中國和日本的領袖們都欠缺胡適的性格特點，他們不能好好地聆聽對方，平和地解決彼此的分歧，反而訴諸武力，結果為雙方帶來災難。

1916 年，胡適以〈國際關係有取代武力之道否？〉（*Is there a Substitute for Force in International Relations?*），勝出「美國國際調解會」（American Association for International Conciliation，也有譯作「美國國際睦誼會」）的徵文比賽，獲獎金 100 美元，得獎論文被翻譯成西班牙文和葡萄牙文。文章主張創立一套系統，協調不同國家的武裝力量，強制執行和平及國際法。

韋蓮司：畢生摯友

認識韋蓮司（Edith Clifford Williams），是胡適在康大的另一重要經歷。韋蓮司是康大地質學教授 Henry Shaler Williams 的次女，她是文學院學生，比胡適低一年級。二人志趣相投，成了彼此的畢生摯友，在相識相知的半個世紀裡，互通信函超過 400 封，此外還有詩歌、胡適日記摘錄以及其他文件。1914 年夏天，胡適在康大的「塞基哲學學院」（Russell Sage School of Philosophy）唸第一年的深造課程，也在這一年，他和韋蓮司初遇，其時胡適 23 歲，韋蓮司 29 歲、未婚。在當年的美國，女士們通常在接近 20 歲或

16 歲時的韋蓮司

20 出頭時出嫁，在別人眼裡，她「錯過了末班車」。韋蓮司的名字最先出現在胡適的日記，是在這一年的 10 月 20 日。胡適追述與韋蓮司在郊外漫步三小時的經歷，說她是個天資聰慧、博覽群書的人，性格乖僻。她毫不在意穿著打扮、珠寶首飾，儘管她來自一個富有家庭。最近有一天，她決定把自己的頭髮剪得只剩三英寸長，她媽媽和姐姐都嚇了一跳：

「星期六日與韋蓮司女士（ Edith Clifford Williams ）出遊，循湖濱行，風日絕佳。……是日共行三小時之久，以縣城行且談，故不覺日之晚也。……其人極能思想，讀書甚多，高潔幾近狂狷，雖

生富貴家而不事服飾；一日自剪其髮，僅留二三寸許，其母與姊腹非之而無如何也，其狂如此。」

韋蓮司給胡適留下的印象，是她的才識、學養、個性，以及破格的觀點；她視自己與男子平起平坐，他從未遇過像她這般的女子。在胡適寓居上海的六年裡，他甚少與年齡相若的女子接觸；在康大的初段日子裡，大部份他遇上的美國女性都已屆中年甚至老年，通常是教授們的太太，以及從事教會或公民社團工作的婦女。胡適在 1914 年 6 月 8 日的日記上寫道：「猶未為晚，擬今後當注重吾感情一方面之發達。吾在此邦，處男女共同教育之校，宜利用此時機，與有教育之女子交際，得其陶冶之益……」他想追回流走了的光陰。康大是美國鮮有錄取女生的大學，這是胡適的福氣。他滿有自信、長於交際、英語流利，讓他能與女生們打成一片。

韋蓮司 1885 年 4 月 17 日生於一個家境富裕、交遊廣闊的家庭。她的父親在耶魯大學（Yale University）當教授，因此，她從 7 歲到 19 歲，都在耶魯所在的紐黑文市（New Haven）長大。1904 年，父親轉職到康大，於是舉家遷居新校。思想前衛的父親給韋蓮司的忠告是：「除非應付得來，否則最好別嫁。」父親對她寵愛有加，鼓勵她過自己喜歡過的生活。她在 1903 至 1904 學年報讀耶魯大學藝術學院，追隨印象派畫家塔胥曼（John Henry Twatchman）學藝。她不理母親反對，跑到紐約學藝術，朋友大多是窮酸的藝術家。1906 年 5 月，她又轉到倫敦學藝術。母親反對她獨居他

鄉,沒有一個伴。11月,她短期入讀巴黎一所藝術學校——朱利安學院(Academie Julian),然後於翌年初回國。安頓下來後,韋蓮司成為「前衛藝術運動」(avant-garde art movement)的健將,從事油畫和雕塑創作。1917年,她在紐約「獨立藝術家協會」的創會展中展出兩項作品,其中的《雙旋律》(*Two Rhythms*)後來被收藏在費城藝術博物館(Philadelphia Museum of Art),長期展出。

胡適初遇韋蓮司,或許是在她父母的家。1914年6月,二人在伊薩卡共同出席一個婚禮,從此友誼突飛猛進。胡適成為韋蓮司父母家的常客,包括到她家出席美國人非常重視的感恩節晚餐,韋蓮司的母親喜歡胡適。兩個年輕人常有書信往來,暢論天南地北。胡適在日記中寫道:「吾自識吾友韋女士以來,生平對於女子之見解為之大變,對於男女交際之關係,亦為之大變。女子教育,吾向所深信者也。惟昔所注意,乃在為國人造良妻賢母以為家庭教育之預備,今始知女子教育之最上目的乃在造成一種能自由獨立之女子。國有能自由獨立之女子,然後可以增進其國人之道德,高尚其人格。」韋蓮司是胡適在康大結識的三位接受過高深教育的女性朋友之一,每一位都在教育背景、獨立思考、不依賴傳統家庭而自立生活等方面,給他留下深刻印象;例如,其中一位拒絕在婚後從夫姓。韋蓮司的見解,很大程度影響了胡適早年的社會和政治觀念。

1915年1月30日,一封信從韋蓮司紐約家中寄出,收件人是胡適。信中談及了「性」:「若彼此清楚明白兩性相吸的真諦,且因

韋蓮司一家

它的美好而珍視之;當它看似被清醒地約而束之,那便是自覺地把它埋藏心底,刻意將心力轉向友誼的更高層次。」那個時代,遑論東方,即使在西方社會,公開談論性也還是禁忌,而就在此時此地,一位外國女士圍繞「性」向胡適表露自己的看法。二人必須謹言慎行;韋蓮司的母親強烈反對女兒和胡適在紐約住所獨處。韋母是個傳統女性,加上當時美國人普遍對亞洲人存有強烈偏見。但韋蓮司從沒把胡適當成「中國佬」。

胡適勤修家書，定期與母親筆談，生活諸事，無所隱瞞。他在
1915 年 2 月 18 日一封寫給母親的信中說，在所有於美國交往的女
性中，與他過從最密的，是韋蓮司：「韋夫人之次女為兒好友……
兒在此邦所認識之女友以此君為相得最深。女士思想深沉，心地
慈祥，見識高尚，兒得其教益不少。」於是，胡母寫信給韋蓮司，
由胡適替她翻譯成英文，說：「你幫我兒子修飾、斧鑿他的想法。
每當我抬頭望向西方天空，我十分渴望可以認識你，但我只能寫
這樣幾句話，誠摯感謝你，又祝福你永遠幸福愉快。」胡適如此
誠實相告，有兩個效果：一、讓母親放心，他沒把母親為他選定
的妻房忘掉；二、讓韋蓮司以及其他美國女子知道，他胡適已「名
花有主」。

幾乎做了基督徒

於美國的基督教會而言，大批外國學生的出現，不啻一塊播道對
象的處女田。中國是地球上「異教徒」最多的國家，到那裡傳福
音，是 20 世紀最大的播道工程。像胡適這些甚有教養的年輕人，
他們遠離家人、遠離社區、更重要的是遠離約束他們的傳統條條
框框，現在隨時可以打開耳朵，聆聽新的聲音。教會的人密切留
意初來者，向他們提供物質和靈性上的幫助，讓他們適應這片陌
生異地，同時積極物色播道對象。1911 年夏，胡適參加了由「北
美中國基督徒留學生協會」在賓夕法尼亞州東北部孛可諾松林區
（Pocono Pines）舉辦的夏令營，聽人傳道。有那麼一年半，他報讀
了由貴格會（Quaker）教友、法語教授康福（William W. Comfort）

舉辦的《聖經》研讀班。他新約舊約都讀，對經文深為折服，又認識了猶太教徒和摩門教徒；他周邊有不少虔誠的基督徒，美國人和華人都有。胡適在晚年的日記中回憶說：「在我的日記裡，以及後來和朋友通信的函札上，我就說我幾乎做了基督徒。可是後來又在相同的情緒下，我又反悔了。」胡適所讀和所聽的，令他萌生信教的衝動，但最終還是沒有決志。他始終相信科學、相信那些可以被證實的事情，而不相信超自然的力量。

基督教對美國人影響之大，令胡適和所有外國人印象甚深。美國之立國，背後有無數篤信其所信的人，為擺脫祖國國王或建制教會的迫害，不惜遠走他方，追求信仰自由。「基督新教工作倫理」（Protestant work ethic，通稱「新教倫理」）似乎是推動美國工業和科學快速發展的其中一股力量。拉丁美洲的新興國家也是由歐洲移民創立的，只不過他們是羅馬天主教徒而不是新教徒。「新教倫理」怎麼就能推動美國發展得遙遙領先於它的中南美洲鄰居？中國可以從中得到什麼啟示嗎？

中國的新語言

1915 年夏，胡適和他的同學們圍繞一個將令他們祖國產生巨變的議題展開辯論：應保留文言文作為書面語的表達方式，還是以白話文取而代之？中文方塊字應否由比較易學的羅馬拼音符號取代？這延續了胡適和同學們在上海唸中學時已然展開的辯論，他在中國公學的學生刊物上已開始用白話文投稿；及至滿清覆亡、

民國誕生後，這些辯論更顯重要。二十年甚至十年之前不能想像的改革，現在發生了。胡適和他的同學們是一群有機會接受教育、到國外遊歷的極少數精英，對其餘廣大民眾而言，這些機會直如天方夜譚。他們深知回國後必須以其所學回饋社會，而「辛亥革命」給予他們改變國家的難得機會。晚清時，完成學業回國的留學生沒有這機會，不少膽敢提出改革的，都被投獄、處死，或者被迫流亡。但如今，民國既立，過去不可能的變得可能：舊政體已死，新政體才剛開始成形。

自公元 220 年東漢滅亡到清末民初，中國的書寫形式都是文言文；在歷史上不同時期，也為日本、朝鮮和越南所使用。由於歷朝政府在公文往來時也使用文言文，要通過科舉當官，必須先熟練用文言文寫文章。然而，在官方的書寫形式歷久不易的同時，草根百姓使用的口語卻隨著歲月變遷，兩者漸行漸遠，時間一長，社會上懂文言文的人越來越少，局限於官員和知識分子之間。再加上中國幅員廣大，不同地區的方言多而繁雜，且往往不能互通；漢字雖全國通行，但字的發音卻五花八門，廣東話和上海話、湖南話和四川話之間，差別很大，像胡適去上海唸書，發現老師都用上海話講課，他必須另花時間掌握它，才能跟得上學業。19 世紀最後 20 年，革新者開始質疑為何要用文言文，以及如何處理知識精英和平民百姓的巨大語言鴻溝。如果人民大眾不能閱讀書面材料，成為事實上的文盲，中國憑什麼成為現代國家？也有人説，因為漢字筆劃複雜，學習需時，它本身就是現代化的障礙，妨礙老百姓學習科學、醫藥、工程、工業、軍事和其他領

域的知識。

20 多年前，日本自 1868 年「明治維新」後，開始了一場性質相近的論爭。日本的情況與中國相似，彼邦從平安時代（公元794~1185 年）開始使用的古文，相當接近日本口語，成為書寫的標準；之後，口語隨著時間的推移而進化、改變，文字則不然，所以到了 19 世紀，兩者之間的差異變得非常大。結果，民眾中有大部份讀不懂官方書信所使用的語言。改革者提出許多應對辦法：包括簡化語言、少用甚或完全取消漢字，把它們轉化成羅馬字母等，甚至有建議用英、法兩個全球最先進國家的文字取代日文。1903 年，日本設立「國語調查委員會」，經一番研究，建議採用首都東京的方言為新的全國標準語，即東京上層社會口語的書面形式。從 1903 年（明治 36 年）起，文部省開始以此文字編製教科書，兩年後開始在小學推行。在日本，此改革稱為「言文一致」，新文字採用漢字以及兩種日本字母：平假名（hirakana）和片假名（katakana），沿用至今。到 1908 年，小說普遍棄用古典日文，改用新文字撰寫；到 1920 年代，新文字普及至所有報章。官方公文則一律沿用古日文，直至 1946 年戰敗後一年止。日本的文字現代化過程，一如其他多個領域，適可供其強鄰借鑒。

胡適在上海的後四年裡，熱衷於參加語言發展的大辯論。他擔任中國公學學生刊物的編輯，並以白話文發表文章。胡適是個改革派，認為白話文應成為中文的標準書寫形式；這是民主的選擇，因為它可便利數以百萬計民眾，通過閱讀取得知識。但並非所有

同學都同意他的見解，他們認為文言文能表達出國家民族的美、歷史文化的深厚，絕不應廢止。雙方展開了激辯。胡適對此議題的思考，是他在哥倫比亞大學（Columbia University）深造期間醞釀出來的。

關於文白之辯，最接近的類比，或許是始於公元四世紀末，羅馬天主教廷以拉丁文為官方語言。不少西歐國家的語言皆建基於拉丁語，但各國的生活語言都隨著時代的變遷而變遷，只有教堂用的語言未受影響。除非到學校或修院專門學習，否則，一般人是看不懂拉丁文的。16 世紀宗教改革的其中一條宗旨，是在教會儀式中棄用拉丁語，改用地方庶民的語言，好讓會眾都明白聚會所傳遞的信息。天主教廷要到 1962 至 1965 年「梵蒂岡第二屆大公會議」（Second Vatican Council，簡稱「梵二」）」之後，方正式接納地方語言。

從康大到哥大

1914 年，胡適入讀康大哲學系深造課程，接觸到哥倫比亞大學杜威（John Dewey）教授有關實驗主義的著作。1915 年暑假，胡適系統地研讀了杜威的著作，進而決定轉到位於紐約的哥大，追隨他學習。這只是他轉校的其中一個原因，另一個原因是，康大的教授們嫌胡適終日到處演說，擠佔了研讀哲學大師康德、黑格爾的時間，憤而取消了給予胡適的獎學金。胡適在他的口述自傳中說：「經過一系列的公開講演之後，五年的康乃爾大學生活，使我

在該校弄得盡人皆知。……在這個小小的大學城內，熟人太多，反而不舒服。……所以我想脫離小城鎮綺色佳，而轉到大城市紐約。該處人潮如海，一個人在街頭可以獨行踽踽，不受別人注意。」第三個原因是，紐約是美國其中一個最大、最重要的城市，在那裡，他可以結交新朋友、接觸新觀點。當然，不能不提第四個原因：韋蓮司已從康大移居紐約，到哥大唸書。

譯註

1 此城另外有個充滿詩意的中譯名稱「綺色佳」，除引用胡適原文的時候外，本書一律使用今天通行的「伊薩卡」。

2 此獎項由康乃爾大學教授柯生（Hiram Corson，又譯考爾遜）為其英國詩人好友卜郎吟（Robert Browning）而設，故取兩人的名字命名。

本章資料來源

David Damrosch：*From Ithaca to Beijing: Hu Shih's Peripheral Centrality*（從綺色佳到北京：胡適的外圍中心性），哈佛大學。

Harriet Chien-ming Twanmoh：*Hu Shih and Female Emancipation in China*（詳見第一章末）

Paul H. Clark：*The Creation of the Modern Japanese Language in Meiji-Era*（明治時代日本始創現代語言），匹茲堡大學在線課程計劃。

唐德剛：《胡適口述自傳》（詳見第一章末）

康乃爾大學官網

陳毓賢、周質平：*A Pragmatist and His Free Spirit*（詳見第一章末）

湯晏：《青年胡適》（詳見第一章末）

第三章 哥倫比亞大學：遇上人生導師和心靈伴侶

Chapter Three

1915 年秋，胡適遷往紐約市哥倫比亞大學，受業於杜威（John Dewey）教授門下。和康大一樣，哥大是美國東北「常春藤聯盟」（Ivy League）八所成員大學之一。哥大是一所私立大學，1754 年在曼克頓創立，美國開國元勛中，有五位是它的校友，包括一位《美國憲法》簽署人。1858 年，哥大成立法律學院；1897 年，大學遷址至環境較開闊的晨邊高地（Morningside Heights）校區，胡適正是在這裡進修。1912 年，該校運用普立茲（Joseph Pullitzer）[1] 的遺贈金，創立新聞學院。胡適來到哥大時，大學已設立進修學院，提供政治學、哲學和自然科學的深造，成為美國其中一所最早發展本科以上教育的大學。胡適從美國一所最優秀的大學轉學至另外一所，是眾多從中華民國來到哥大的精英之一。這些精英回國後或當官，或治學，或從商，後來擔任國民政府駐英、美、法國大使的顧維鈞是一例；未來國民政府財政部長、中央銀行總裁、行政院長的宋子文是另一例，他與胡適更是同時期在哥大留學。

胡適 9 月 21 日抵達紐約當天，便住進哥大學生宿舍佛納樓（Furnald Hall）五樓的一個房間。佛納樓是哥大男生宿舍中最摩登的一座，從房間向下望，就是著名的百老匯，那是喜歡夜生活者的天堂，恰與伊薩卡的寧靜閒適成強烈對比。宿舍樓禁止喝酒、賭博、養寵物及在房間內進食；宿生與女士會面，只可安排在下午 3 點至 5 點之間，於樓下會客區。在胡適留學哥大兩年的頭一年裡，佛納樓就是他的住處；1916 年 7 月，胡適的第二學年，他搬到一套屬於韋蓮司家的公寓，位於曼克頓海文路（Haven

1916 年，胡適攝於哥倫比亞大學校園。

Avenue）92 號，靠近 170 街。從她於三個月前離開紐約，回到伊薩卡照顧患病的父親後，這裡就一直空著。那是一套十分怡人的公寓，四周環境安靜，可以俯瞰哈德遜路（Hudson Road），胡適在此與來自雲南的一位哥大同學盧錫榮同住。每當胡適到訪伊薩卡時，他通常會寄居韋蓮司的家。韋蓮司一直住在那兒照顧父親，直到他 1918 年去世。韋父是家庭裡唯一一個認真對待她的

藝術追求的，韋父死後，她便意興闌珊，放棄藝術，回到自然科學的老本行。1923 至 1946 年期間，她在康乃爾大學獸醫學部圖書館（Flower Veterinary Library）擔任該館首位、也是唯一一位全職館員。

胡適 1917 年返國後，生活忙碌而緊張。因此，他能與韋蓮司書信往來超過 40 年，殊屬難得。韋蓮司以及其他胡適在美國遇到的、思想接近的女士，她們對事物的看法，大大改變了胡適對婦女的觀感。回國後，他看到套在數以百萬計中國婦女身上的束縛，包括纏足、父母之命媒妁之言的婚姻，以及終身為父母、為婆家、為丈夫、為兒女盡心盡力的命運，等等。一如很多其他議題，胡適認定女性地位有需要來一個劇變。終其一生，胡適給韋蓮司寫了超過 300 封信，又在她 4 月 17 日生日那天給她送花。每當胡適在歐洲或美洲旅行時，總會給她寄去明信片，描述其旅程。他們的友誼歷經 48 年，韋蓮司保存了胡適給她寫的每一封信。胡適於 1962 年過身，三年後，韋蓮司把那些信件全數捐贈予台灣中央研究院，研究院把信函送往位於台北南港的胡適紀念館，作為永久館藏。

正如第二章提到過，胡適小心翼翼地告訴母親他與韋蓮司的友情，並讓她們之間聯繫上。胡適也告訴韋蓮司及每一個人，自己已經有個未婚妻在中國老家等著他。在 1915 年 3 月給韋蓮司寫的一封信中，胡告訴她有關他未婚妻的事：「我不知道她對我和我的想法是怎樣看的。她或許認為我是她心目中的『理想』，但她對我的所思所想絕對一無所知。她連一封打招呼的短信也寫不出

來，也讀不懂多少……我早就放棄她或許能在學識上成為我知己的想法……我只知道我將會盡我所能，讓她感到快樂──會有多成功，我不知道。我曾經嘗試敦促她增進讀書寫字的能力，但不可能了──原因有很多。但我是樂觀主義者。家母不會讀更不會寫，但她是我認識的女士中最好的其中之一。」

儘管胡適已開誠佈公，績溪老家仍為他在外有否不忠而忐忑。這也難怪，畢竟他已經離鄉整整五年，在一個他們想像不來的社會，和那麼多相貌條件皆優的年輕女孩混在一起。1915 年 8 月 28 日，胡母終忍不住，寫信告訴兒子，她聽到一些有關他要結婚的傳言：「……爾岳母心雖不信，然……愛女心切，見爾未宣佈確實歸期，子平之願，不知何日方了。」母親問兒子將何時返國，兒子覆信說，自己既已和江冬秀訂婚，就不會也不應毀掉婚約：「……兒久已自認為己聘未婚之人，兒久認冬秀為兒未婚之妻。故兒在此邦與女子交際往來無論其為華人、美人皆先令彼等知兒為已聘未婚之男子。兒既不存擇偶之心，人亦不疑我有覬覦之意。故有時竟以所交之女友姓名事實告知吾母。正以此心無愧無怍，故能坦白如此。」

無論胡適還是韋蓮司的母親，都極力反對自己孩子的這段姻緣，不同意他們結合。這反映了無論中國還是美國社會都反對異族通婚，在美國有些州份甚至是違法的；何況韋蓮司還比胡適年長六歲。最最重要的是，若胡適悔婚，其母在鄉親面前將無地自容，對其未婚妻更是莫大的羞辱，根據當時的鄉例，她將不能再嫁。

因此，儘管胡適本人極不情願，他最終還是回鄉履行婚約，圓其母的心願。胡適曾經表示，他在家庭關係上會站在東方人一邊，但在有關社會、國家和政治方面，則跟從西方的價值；又說，「吾之就此婚事，全為吾母起見，故從不曾挑剔為難（若不為此，吾決不就此婚⋯⋯）⋯⋯今既婚矣，吾力求遷就，以博吾母歡心。」

其他赴美留學的中國人也面對相似的兩難。第一個在美國大學畢業的華人，是 1854 年耶魯大學的容閎。他回國後，發覺沒有華人父母願意接納他為女婿，因為他們認為他太洋化了。1876 年，容閎娶了美國人瑪麗・凱洛（Mary Kellogg）。這樣的結合，在當時可謂異數，但二人雙宿雙棲，並育有兩子，關係幸福美滿。其他中國人也像胡適一樣，婚姻是由家裡長輩安排的，其中有些最終與髮妻離婚，另娶自己選擇的女人，譬如孫中山和蔣介石，但二人均繼續在財務上支持前妻；他們都像胡適一樣，夾在中國的傳統和現代兩個世界之間，努力平衡兩邊的需求。如果細看胡適的簡歷，你會預期他娶的是一位受過教育、背景和他相近的「現代」妻子，若不是韋蓮司，那至少是一位華人淑女；結果，非此亦非彼。最主要的原因，一則固然是胡適對家鄉傳統的尊重，更且是對母親的孝和愛。他退而求其次，從其他人身上找到他所需的「知性伴侶」（intellectual companionship）。

觀乎胡、韋的性格，二人完全有可能違背社會傳統和各自家庭的反對，共諧連理；觀乎胡適的社交和專業技能，他完全可以在美國找到一份優差，過上舒適的生活。若果真如此，中國以至世界

將有可能從沒機會聽過「胡適」這名字。

杜威教授：指路明燈

在胡適留美七年裡頭，他遇上最重要的人，無疑是 1915 至 1917 年間在哥大進修哲學時的指導老師——杜威（John Dewey）教授。杜威的思想，成為胡適未來人生路上的指路明燈。

20 世紀上半葉，杜威是美國最顯赫的公共知識分子之一。胡適到哥大時，杜威已經 56 歲。他從 1904 年起直到 1930 年退休，一直在哥大擔任哲學教授，一共寫了 40 部書，在 140 種期刊上發表了超過 700 篇文章。杜威關注多方面的社會和政治議題：他主張進步主義教育（progressive education）和自由主義；支持婦女投票權等社會價值；擔任過大學教師聯盟的主席；支持「美國公民自由聯盟」（American Civil Liberties Union）和「全美有色人種協進會」（National Association for the Advancement of Coloured People）；兩次世界大戰之間支持「戰爭非法化」（Outlawry of War）運動，等等。杜威 1859 年 10 月出生於美國一個小康之家，長大後先後於佛蒙特大學（University of Vermont）和約翰霍普金斯大學（Johns Hopkins University）唸書，並以有關康德（Immanuel Kant）的心理學論文，取得後者的哲學博士學位。當了三年學校教師後，杜威 1884 年開始在密歇根大學（University of Michigan）任教，是他大學教授生涯的起點。1899 年，他當選美國心理學會會長；1905 年，成為美國哲學學會會長。有人說，杜威光芒四射，是那個時

代的亞里士多德（Aristotle）。

哥大官網這樣形容杜威：「他的教學風格，特點是（講述中間有）頗長的停頓和頗多的回述，猶如邊說邊整理要說的內容，客觀效果可以是刺激思維，也可以是催人入睡。他也在教育學院講授教育哲學，對教育理論和實踐的影響既深遠，也備受爭議。他與太太愛麗絲（Alice Chipman Dewey）聯手，先後於芝加哥大學和本校創辦了附屬實驗學校，作為他教育理論的實踐基地。他說：『我們文明的未來取決於科學頭腦投射的廣度和深度。』」在哥大，胡適修了兩門杜威的課：「論理學之宗派」和「社會政治哲學」。

從杜威教授的廣博著作中，胡適認為最有用、最適合應用到中國去的，莫過於「實驗主義」：每當遇上問題，退一步，對問題考究一番，想想接下來該做什麼，想出新的工作方法，付諸嘗試，不行就修改方法，什麼事都可以質疑。這種探究精神，是自工業革命以來西方快速進步的主要推動力，在醫藥、科學、工業、運輸、軍火以至其他領域，盡皆受益。無論在政治還是學術研究方面，杜威終其一生強調「實驗主義」，用科學方法探索新領域。他相信社會的改變應是漸進的、演化的；相信法律是政治的工具；相信個人在政府和社會上均有重要角色。所有這些，都使杜威成為一位政治自由主義者及反激進主義者。到後來，他成為馬克思主義的堅定反對者。杜威認為改變中國乃至其他國家的最佳方法，是透過漸進的、非戲劇化的改革；主張用溫和、非極端的方法，解決具體問題。胡適在 1916 年一封致韋蓮司父親的信中說：「我不譴責革

命……但我不贊成不成熟的革命，因為它們通常是浪費精力、勞而不果的……我個人的態度是：『教育大眾，來者不拒』。」

胡適在介紹自己的思想時寫道：「杜威先生教我怎樣思想，教我處處顧到當前的問題，教我把一切學說理想都看作待證的假設，教我處處顧到思想的結果。這兩個人（杜威和赫胥黎）使我明瞭科學方法的性質與功用。」赫胥黎（見第一章）的哲學思想和杜威相近。赫胥黎於 1889 年寫道：「智力這回事，大可任由邏輯思維帶著自己走，能走多遠算多遠，不理會任何其他考慮……智力這回事，不能裝作一旦有了結論，就是確定不移的、不必證明或不可證明。」赫胥黎 1893 年發表的《進化與倫理》（*Evolution and Ethics*）被翻譯成中文，在中國甚有影響；胡適負笈美國前，在上海讀過它的翻譯本，即《天演論》。赫胥黎在文中指出，一個人的情緒、智力、群居和養育下一代的傾向，是他進化和承傳的一部份；但價值和倫理卻不是繼承的，是由一個人和他所屬的文化所決定的。赫胥黎說：「從道德出發，我看到的不是大自然的痕跡，而純粹是人工斧鑿的製品。」換言之，人必須學習品德。杜威堅持哲學不應停留在抽象世界，而應被用作解決日常生活的難題，以改進社會。他說：「其價值在於界定所碰到的難題，並建議解決難題的方法。」從兩位哲人身上，胡適學會用科學方法解決問題，學懂社會必須促進良好道德和行為。胡適對杜威所強調大眾教育和公民社會的重要性，印象深刻。他一生闡述、踐行杜威的理念，並自稱為「實驗主義者」。

胡適任駐美大使期間，與恩師杜威教授留影。

胡適和其他同學參加由杜威太太每月在他們家安排的茶會，位於河畔路和 116 街交界。華人學生與紐約藝術圈子的成員相識，他們當中有長髮的男子和短髮的女子。胡適很敬慕杜威太太，她是一位有相當教育程度的女士，是她協助丈夫創辦了一所「實驗學校」，花了十年時間實踐和測試杜威的教育理論。他們的長女伊芙

琳（Evelyn Dewey）也是唸教育的，其後也參與到父母的教育實驗中，周遊各地，替父親考察教育新法的成效；1915 年 10 月，胡適目睹四萬人為爭取婦女投票權，浩浩蕩蕩沿著曼克頓第五大道遊行，杜威夫婦也參與其中，胡適很受感動，心中欽羨這種家庭。

留給哥倫比亞的精神遺產

1915 年 12 月 12 日，中國剛於四年前擺脫歷經數千年的帝制，進入共和，接替國父孫中山繼任大總統大位的袁世凱，卻於這時悍然稱帝。對於那些盼望建立新的、現代的、實行共和體制國家的人來說，這是極大的打擊。胡適在致美國友人的函件中這樣形容袁世凱：「我已認定，要達致政治清明和有效率，並無捷徑……沒有若干必須的先決條件，不能保證有良好的管治……若無我說的『必須的先決條件』，無論君主制還是共和制，皆不能救中國。我們的任務，是提供這些必須的先決條件——『創造新的事業』。」幸好，袁世凱的皇帝夢沒做成。全國的軍事領袖都反對他；他最終在 3 月 22 日宣佈遜位，皇帝夢只做了 83 天。1916 年 6 月 6 日，袁世凱死於尿毒症，終年 56 歲。

1919 年，已經回到中國的胡適寫信邀請杜威到中國巡迴講學，由他擔任東道主兼傳譯員。結果，杜威在中國遊歷了兩年，從此與中國人結下深厚的關聯。他其中一個女兒珍（Jane）說：「杜威在中國時，他每離開一處，都懷著喜愛和欽羨的情感，這不單是對和他緊密聯繫的學者而言……更是對整體中國人而言。除了自己

的祖國以外，中國是距離他的心最近的國家。」30 年後，胡適在杜威 90 歲祝壽晚宴上向他奉上祝壽詞。

在畢業後，胡適也經常返回哥大授課和演講；1939 年，他協助校友聯會，努力擴大會員規模；1960 年，他向哥大的東亞圖書館捐贈了一套 25 卷他的中文著作。他 1962 年辭世後不久，哥大以他的名義設立了一項研究生獎學金，以資紀念。

創造新語言

在研究杜威的「實驗主義」的同時，胡適腦子裡總在想，怎樣把它應用到中國去。1911 年，中國最後一個皇朝被推翻，第一個共和國建立。中國人忙著建設一個新的、現代的國家，熱烈討論要保留或揚棄傳統社會的什麼。這千載難逢的歷史機遇，使胡適在美國的經歷格外寶貴。他身處一個已取代英國，一躍成為世界最大工業國的國家，長達七年。不像中國或歐洲的國家，美國的誕生，才不過是 1776 年的事，它既無千年帝皇傳承，也無根深蒂固的教會等歷史包袱；它可以把各種新意念拿來做實驗，可行的予以保留，失敗的儘管放棄。赫胥黎和杜威重視探究和置疑的科學精神，加上要改善普通老百姓生活的良好願望，都是美國取得驚人成就的因素之一。置身這個新生而活潑的國家，有機會親睹正在發生的一切，胡適問自己：有什麼他能帶回中國，為著國家的美好未來，也來實驗實驗？

美國之所以成功，其中一個原因是國民的平均教育程度和識字率都高。英文只用 26 個羅馬字母，容易讀寫，作為一種文字工具，方便人們吸收走向現代化所需的知識，如製造汽車、設計橋樑、醫治病患等。為此，留美的中國和日本學生內心疑惑：自己國家的語言，是幫助吸收現代化知識的工具，還是障礙？學中文的人要記認漢字如何書寫、如何發音以及它們的意思，較諸學習一種用字母書寫的語言困難得多；學日文的人雖然也要記認漢字，但量不多，其餘的都用字母，即平假名和片假名；一旦掌握了這些字母，人們就可以認讀拼寫出來的字符，比中文容易。在胡適那個年代，甚至有中國人主張完全放棄漢字，代之以羅馬字母書寫，但建議從未被付諸實行，因為不同漢字有相同發音的例子比比皆是，若僅用羅馬字母，將產生大量詞義不清、模稜兩可的情況。

最早嘗試把漢字字母化的，是 1580 年代旅居北京的兩位耶穌會（Jesuit）傳教士利瑪竇（Matteo Ricci）和羅明堅（Michele Ruggieri）。為了向華人播道，他們不避繁瑣，編撰了一部葡漢辭典。接下來的三個世紀，陸續有外國傳教士和外交官編製其他符號系統。到了 19 世紀，當時在台灣的長老會（Presbyterian）傳教士給會眾派發中文版《聖經》，但發現他們大多看不懂漢字，於是發明了一套專為台灣方言而編製的羅馬字母系統，在當地沿用至今。此外，中國學者們也各自發明了自己的羅馬字母系統，但沒有一套在大陸上廣泛通行，僅用於個別外國人學習漢語。

自 1982 年起至今，《漢語拼音方案》成為了以羅馬字母書寫中文的國家標準。這是一套由中國學者於 1955 至 1958 年間開發的記音系統，旨在於全國範圍掃盲，同時幫助學童掌握全國通行的普通話，1958 年正式在全國小學推行，學生記認漢字時，同步學習它們的漢語拼音。自此，《方案》幫助了數以千萬計學童乃至外國人學會這種語言。《方案》的主要制定者，是著名語言學家周有光，他因而被譽為「漢語拼音之父」，但他本人謙稱自己不過是「漢語拼音之子」。周有光生於 1906 年 1 月 13 日，是一名清朝官員的兒子。當時的學生從小學習中國古文。第二次世界大戰期間，周在戰時首都重慶一家華資銀行工作；戰後，該銀行派他先後前往紐約和倫敦，1949 年回到中國。「文革」期間，他和無數其他內地知識分子一樣，被下放到農村，「接受貧下中農再教育」，1969 年又被流放到寧夏的一座勞改營幹活，一待就是兩年多。1980 年後，他與另外兩位學者一道，把《大英百科全書》翻譯成中文。周有光年過百歲後的出版中，每每出現批評共產黨的言詞，由指其奪取政權後破壞中國傳統文化，到要求政治改革、推進民主等，都有所觸及，無所忌諱，故有不少於內地被列為禁書。2017 年 1 月 14 日，周有光於 111 歲誕辰後隔天辭世。

可是，在胡適和同學們的年代，尚未有如此複雜的記音系統。從就讀康大時開始，他們就在教室和會議廳裡，一直激辯有關中國語言的未來。

胡適強烈支持以白話文為書寫中文的標準形式。他在 1916 年 6 月

號的《留美中國學生月報》上發表題為 *The Teaching of Chinese as It Is*（現行漢文的教學法）的英文文章，該刊由「美國華人學生聯盟」出版，從伊薩卡向全美發行。以下是該文章的摘要：

「現行中文應該如何教，才是更重要的問題……因為現行的中國文字是用來記錄了我國的歷史和文明的語言，是省際之間〔說不同方言的人〕所能藉以交流的唯一媒介，也是全國教育的唯一工具。」胡適認為，現行漢文教育應格外關注的重要之處，可以概括為幾大點。首先，「文言是一個幾乎已經完全死了的語言。這死了的意思，是指已經沒有人說了。那就像是中古歐洲的拉丁文一樣。事實上，它比拉丁文還要更死（如果死也能分程度的話）。這是因為拉丁文還能說、還能聽懂，而文言文則不然。除非是人人耳熟能詳的成語，或者是聽者已經多少知道講者所要表達的意思，文言文即使在知識階級當中都已經不是能用聽的方法來理解的語言了。」

胡適的另一個重點是：「我們必須把自己從傳統的觀點解放出來。那傳統的觀點認為白話文的字詞與語法很『俗』。其實中文的『俗』字……本身並無『鄙俚』（vulgarity）的意思。事實上，許多我們日常所用的詞彙是非常能表意，因此是非常美麗的。衡量字詞、言辭的標準，應該是在於其是否生氣盎然以及有表意的能力，而不在於其是否合於道統（orthodox）的標準。白話是國人日常語言，它表達了人們日常的需要，本身就是美麗的，而且具備著創造一個偉大、活蹦的文學的條件。〔歷史上〕那些用俗文字所寫的

偉大的小說，就是最好的明證。」自 1916 年 7 月初起，胡適決定不再以文言文寫詩，只用白話文。

胡適的許多同學都和他意見相左，其中最大的反對者，要數梅光迪。梅較胡年長一歲，老家同樣在安徽，讀書非常用功。1904年，他以時年 12 歲通過了鄉試，成為秀才，是獲取錄為朝廷命官的第一步。可是，翌年 9 月 2 日，清廷以光緒帝的名義發佈上諭：「著自丙午（1906 年）科始，所有鄉會試一律停止。各省歲科考試，亦即停止。」延續逾千年的科舉制度正式廢止，梅光迪對仕途的憧憬遂告幻滅，於是到了上海唸高中，並初遇胡適。1911年，梅光迪作為第三批庚款留美生赴美，較第二批的胡適晚一年。在美國，梅最先在威斯康辛大學（University of Wisconsin）修讀歷史與政治，後轉至西北大學（Northwestern University）修讀歷史與英國文學，繼而再轉哈佛大學（Harvard University ）攻讀英國文學博士。和胡適不一樣，美國沒給他帶來多好的印象。他看到彼邦政治上的無能、社會上的動盪、學術上的混亂和頹廢，認為也許美國在物質上較中國先進，道德上卻比中國落後，因此希望透過重振孔孟之道，拯救中國。1915 年，梅光迪和三位華人同學一道到伊薩卡度暑假。期間，四人與胡適一起討論語言改革，討論漸趨熾烈，胡梅二人針鋒相對。胡適說：「他絕對不承認中國古文是半死或全死的文字。因為他的反駁，我不能不細細想過我自己的立場。他越駁越守舊，我倒漸漸變得更激烈了。我那時常提到中國文學必須經過一場革命：『文學革命』的口號就是那個夏天我們亂談出來的。」

胡適在 1915 年 9 月 17 日寫給梅光迪的一首詩中，首次用上「文學革命」一詞：「新潮之來不可止，文學革命其時矣」；而梅則極力支持保留古文作為書寫文字。對他來說，出路不在革命，而在改革古學；解決之道，是人們透過閱讀古書古文來駕馭中文。梅光迪說，胡適受西方通俗詩運動的影響太深。在接下來的幾個月，胡適其時在哥大進修，二人透過書信往來，繼續圍繞古文新文進行激辯。梅的觀點反映著眾多學者的看法，他們相信古文是多個世紀以來中國傳統文化和智慧的傳承載體。胡適這個自以為是的年輕人，在大學並非主修中國語文，又不在自己國家唸書，而是放洋到外國留學，憑什麼主張放棄這套語文？梅光迪繼續用古文寫詩，直到他於 1945 年 12 月在貴州省貴陽離世，那時白話文成為標準文體已有 20 年之久。終其一生，他始終拒絕寫白話文。

語言革命

在哥大深造的兩年裡，胡適投放了大量時間於語言改革的研究上。他的博士論文題目是 *The Development of the Logical Method in Ancient China*，胡適自譯成〈中國古代哲學方法之進化史〉，內容包括中國早期思想的實驗主義傾向。後來，他用中文將此文重寫，乃有《中國哲學史大綱（上卷）》的出現。

胡適在返國之前，希望先向祖國民眾發佈他關於語言改革的想法。他選擇了《新青年》，那是一份由陳獨秀於 1915 年 9 月 15 日創辦的期刊。一如胡適，陳獨秀也是安徽人，1879 年 10 月於安慶

出生，1902 至 1908 年在日本留學，期間鼓吹推翻滿清政府、反對外國干預中國政治。他從日本返國後即創辦《新青年》，生逢其時，很快便成為最受歡迎、在知識分子間流傳最廣的雜誌；一如胡適，他們在尋找方法，善用歷史新近才賜予他們的自由。《新青年》發表的文章，對傳統思維和習俗大加撻伐，同時大力弘揚科學、民主和人權價值。文章反對男士們滿口仁義道德，卻容許自己三妻四妾，而女人則必須終其一生都對丈夫忠貞不二；文章鼓勵透過自由戀愛選擇終身伴侶，而不是任由父母指配；主張像西方社會般，組織小家庭，而不是中國傳統的大家庭。《新青年》的不少文章與胡適氣味相投，使它自然而然地成為胡適推動「新語言」的平台。胡適在紐約韋蓮司的住處揮筆疾書，把他的主張化為文字，然後以〈文學改良芻議〉為標題，於 1917 年一月號的《新青年》上發表。

〈芻議〉認為，「今日而言文學改良，須從八事入手。八事者何？一曰，須言之有物……所謂『物』，約有二事……（一）情感……情感者，文學之靈魂。文學而無情感，如人之無魂……（二）思想……思想不必皆賴文學而傳，而文學以有思想而益貴……近世文人沾沾於聲調字句之間，既無高遠之思想，又無真摯之情感，文學之衰微，此其大因矣。

「二曰，不摹倣古人。文學者，隨時代而變遷者也。一時代有一時代之文學。周秦有周秦之文學，漢魏有漢魏之文學，唐宋元明有唐宋元明之文學……凡此諸時代，各因時勢風會而變，各有其特

長……吾每謂今日之文學，其足與世界『第一流』文學比較而無愧色者……此無他故，以此種小說皆不事摹倣古人……而惟實寫今日社會之情狀，故能成真正文學。

「三曰，須講求文法……

「四曰，不作無病之呻吟。……今之少年往往作悲觀，其取別號則曰『寒灰』、『無生』、『死灰』；其作為詩文，則對落日而思暮年，對秋風而思零落……」胡適藉對消極、悲觀者之批評，鼓勵「今之文學家」積極、樂觀。

「五曰，務去濫調套語。今之學者，胸中記得幾個文學的套語，便稱詩人。其所為詩文處處是陳言濫調……所謂務去濫調套語者，別無他法，惟在人人以其耳目所親見親聞、所親身閱歷之事物……但求其不失真，但求能達其狀物寫意之目的，即是工夫。

「六曰，不用典。」關於此點，胡適著重指出時人慣於舉古時之事，以比喻、論述今日之事，而罔顧古今二事實無相通而可資參考之處，屬濫用典故。

「七曰，不講對仗。排偶乃人類言語之一種特性」，若符合「近於語言之自然，而無牽強刻削之跡；尤未有定其字之多寡，聲之平仄，詞之虛實者」，亦未嘗不可，但若過份追求對仗，於內容無補益，則「不當枉廢有用之精力於微細纖巧之末，此吾所以有廢駢

廢律之說也」。

「八曰，不避俗字俗語。」

「以今世眼光觀之，則中國文學當以元代為最盛，可傳世不朽之作，當以元代為最多，此可無疑也。當是時，中國之文學最近言文合一，白話幾成文學的語言矣。使此趨勢不受阻遏，則中國乃有『活文學出現』，而但丁、路得之偉業（……始以『活文學』代拉丁之死文學。有活文學而後有言文合一之國語也），幾發生於神州。不意此趨勢驟為明代所阻，政府既以八股[2]取士……於是此千年難遇言文合一之機會，遂中道夭折矣。然以今世歷史進化的眼光觀之，則白話文學之為中國文學之正宗，又為將來文學必用之利器，可斷言也……。以此之故，吾主張今日作文作詩，宜採用俗語俗字。與其用三千年前之死字……不如用二十世紀之活字；與其作不能行遠不能普及之秦漢六朝文字，不如作家喻戶曉之《水滸》《西遊》文字也。」

對於一個才 26 歲的深造生來說，能寫出如此出色的論文，確實了不起，特別是他過去七年來在課堂上聽的和討論的，一直都是有關歐洲作家和哲人的種種，他只能與華人同學辯論白話文的議題，反覆琢磨自己頭腦中對這方面的認知。論文也間接告訴我們，在胡適忙於寫博士論文、給韋蓮司寫信長談的同時，還可以找到空隙翻閱他千里迢迢帶到美國去的中文書籍。論文挑戰中國知識界認為古文才是文學的正宗文體的主流觀點，反映了論文作

者的學術方向和自信、反映了他的雄心和傲慢，在中國文化界引起了一場極大的反應。《新青年》編輯陳獨秀大力支持胡適的文章，這一期的《新青年》成為全中國知識圈子大辯論的主題，不少人投函表達意見。待得胡適返國時，他已是個聲名大噪的人物。

〈文學改良芻議〉新在哪裡？自 1890 年代起，中國知識分子的文白之爭就不曾停止，也有議論如何縫合文白之間的鴻溝。作家們以白話文寫書、寫小說、寫文章，想觸及更多讀者的作者尤其如此。然而，知識分子圈的共識是，文言文仍然是中文的標準文體，白話文起輔助作用，好比一種規範語言的簡便版本。但胡適不同意，他認為白話文應取古文而代之，成為書刊雜誌、課堂學習和日常生活的標準用語。這是為什麼他精確地稱之為一場「革命」。他希望改變中文這個世界最古老語言的書寫形式，並成為了這方面的先驅，這是他對中國文化最大、最持久的貢獻，幫助數以百萬計民眾脫離文盲行列。超過一個世紀之後，無論在大陸、在台灣、在香港還是世界各地，中文的書寫形式都與胡適當初所推動的一致。

回家

胡適的著作吸引了不少人的注意，包括北京大學校長蔡元培。他接納了陳獨秀的推薦，聘胡為北大教授，邀請他加入文科學院。胡適欣然接納——這是中國最負盛名的高等學府，而蔡元培是中國教育改革的領頭人；對一個剛畢業不久的年輕人來說，能到這

裡擔任教職，是何等的榮耀。蔡元培本人的經歷也很不平凡：他1868年生於浙江省的紹興，自幼學習古文，1889年中舉人；1892年經殿試中進士，晉身翰林院，是讀書人追求朝廷仕途的最高榮譽；1907至1911年他到了德國，先在首都柏林學德語，然後在萊比錫大學（University of Leipzig）修讀哲學與倫理；回國後，1912年出任中華民國首任教育總長；當年有人在北京組織「留法儉學會」，蔡予以支持。同年7月，他因不願與袁世凱政府合作而辭去教育總長職務，後於1913至1916年期間旅居德國、法國，從事教育、哲學和美學研究。第一次世界大戰開始後，歐洲各國經濟普遍惡化，不少留學生生活艱難，「留法儉學會」發展「勤工儉學」精神，留學生大部份時間都在工作。由於法國參戰，形成國內勞動力短缺，從1916年開始招募大量華工赴法，補充勞動力，蔡元培和「留法儉學會」同仁在這方面出力不少。他於1916年11月回到中國，翌年1月就任北大校長。（關於蔡元培，下一章將再述及）

前後用了九個月，胡適終於在1917年5月4日向哥大提交了他的博士論文。在6月離開美國返回祖家之前，胡適到伊薩卡與韋蓮司和她的家人告別。他的日記這樣記述：「在綺五日（十日至十四日），殊難別去。韋夫人與韋女士見待如家人骨肉，尤難為別。吾嘗謂朋友所在即是吾鄉。吾生朋友之多無如此邦矣。今去此吾所自造之鄉而歸吾父母之邦，此中感情是苦是樂，正難自決耳。」胡適乘火車橫跨北美大陸，抵達加拿大溫哥華，於6月13日和四名友人坐上駛向中國的輪船，先後在日本橫濱和長崎兩個港口城市停靠，於7月10日抵達上海。從美國東岸出發，到返抵上海，

在前後六週的歸途中，胡適一共給韋蓮司寫了七封信、一張明信片。他的身軀和他的意識都在返鄉途中，心卻留了在伊薩卡。

沒有多少留美的外國學生像胡適般，能學到那麼多、成就那麼多。首先，他要駕馭在彼邦與人交談、發表演說、閱讀材料、撰寫論文所需的語言能力；他在學業上花了不少時間，並取得兩個學位；他還能騰出精力和時間參與學生組織、學術期刊的社交和學術活動，並編織出一個廣闊的人際網絡，遍及華人同學、美國及其他外國人，尤其是教授和他們的家人，且能在多年之後仍與其中一些保持聯繫。能有此成就，要多虧他本人對英語的駕馭、他的自信，以及他外向、好交友、善交友的性格。他爭取機會到處公開演說，聽眾基本上都是美國人，過程中，他的技巧得到磨練、語言得以提升。他對美國人的生活、思想和文化了解更多——至少比大部份留美華生都多。這是了不起的成就。一個來自歐洲的學生，會發現美國與他們祖國之間有著共通或至少相近的歷史、傳統、宗教，來自英國的學生更有相同的語言。所有這些，都使他們更容易適應美國的社會、美國的生活。但對來自亞洲的學生而言，要適應的就多得多，從衣著、語言、宗教、社交禮儀以至思考方式等等等等，一切都那麼新鮮、那麼奇特，一切都得從頭學起。再者，美國國會於 1882 年通過《排華法案》（*Chinese Exclusion Act*），禁止華工移民美國長達十年，反映了美國白人社會普遍存在的反華情緒。幸而，胡適和他的同學們在美國時，都與較傾向自由主義、思想較開明的學生及學者共處，沒遭過什麼白眼。能在那七年成就這麼多，胡適必須使出他在學術、

社交、精神力量方面的渾身解數，而只有身處美國這個獨特的時空，胡適方有機會認識到原來自己有如此的能耐。經過那七年的操練，他的英語是如此流利，對彼邦社會是如此熟悉，以至終其餘生，他住在美國和美國人相處，與住在中國和中國人相處一樣如魚得水；與太平洋兩岸的社會精英交往，一樣泰然自若。中國人當中，能達到如此境界的，可謂鳳毛麟角。回望胡適 71 載的人生，當中有 21 年在美國度過；再回望首訪美國的七年，對胡適往後的人生觀應有不少影響。據他自己透露，他印象最深的，是美國人的「單純樂觀主義和喜悅」，因此，他相信「在這片土地上，似乎沒有什麼事情是人類智慧和努力所不能成就的」。

譯註

1 普立茲是匈牙利裔的美國報業巨頭，新聞界最高榮譽的「普立茲獎」即以其命名。
2 明清科舉考試的一種文體，就「四書五經」取題，內容須用古人語氣，句子長短、字的繁簡、聲調高低、字數等均有嚴格限制。

本章資料來源

江勇振：《舍我其誰：胡適》第一部（1891-1917）（詳見第一章末）

哥倫比亞大學官網

唐德剛：《胡適口述自傳》（詳見第一章末）

梅維恒（Victor Mair）："Hu Shih and Chinese language reform"（胡適與中國語言改革），*Heritage Annual*，2020 年。

陳毓賢、周質平：*A Pragmatist and His Free Spirit*（詳見第一章末）

湯晏：《青年胡適 1891-1917》（詳見第一章末）

第四章 改造中國

Chapter Four

1917 年 6 月，胡適返回中國。隨後六年的生活，激越而充滿故事：和他成婚的妻子由母親挑選，為他誕下三個孩子；他在北京大學開始他的教學生涯；他提倡白話文運動，受到廣泛支持，卻也惹來強烈反對；他安排著名外國學者遍遊中華大地，向各地民眾介紹他們的專長；他與同胞分享自己從美國學來的新知識新意念，包括自由擇偶、節育、男女間的性平等，以及他老師杜威教授（John Dewey）「大膽假設，小心求證」的主張。透過演說宣講，加上白話文報章雜誌的鼓吹，這位行年不到三十的年輕人竟成為全國知名、受其影響者數以千計的人物。

婚姻：強烈的好奇心

胡適回國後，首先去北大報到，校長蔡元培早已虛位以待，給他留了一個教席。胡在美國所發表的文章早在知識界建立聲譽，崇拜者包括當時還在清華大學讀書的林語堂。林說：「胡適載譽歸來任教北大，我能在清華恭迎他，真是觸動人心的經驗。」兩人頗有共通之處，林曾在美國和德國留學，也在北大教授英國文學；後來更成為多產作家，中英文都有。他所翻譯的中國古典著作，在西方可謂洛陽紙貴。

胡適回國後第二件要做的事，是返回闊別七載的故鄉績溪。他 8 月中旬抵埗，住了一個月。其時母親已體弱，但母愛未有稍減。胡適又徒步 16 公里往未婚妻江冬秀家，他走近她的閨房，可是未婚妻躲在床上，放下帷帳，避而不見，胡適只好和冬秀的哥哥和

其他家人商議婚事。未婚妻的這一舉動，是對胡適讓自己等了足有 14 年之久的無聲抗議？為準備婚事，江冬秀放開小腳，開始學習讀書寫字。9 月 13 日，胡適往北京上任，他在美國期間，江冬秀每年都有幾個月跟胡母生活。早在 1916 年 1 月，江母離世，未能見到女兒出嫁，圓最後的心願。江母出身富有的書禮之家，不乏農地和僕婢，家族出過不少學者高官。正常情況下，適之和冬秀早該成婚，但因胡適放洋留學，婚事就此耽擱下來。胡適在 11 月 21 日寫給美國友人韋蓮司的信中說：「我不能說我是懷著興奮的心情期待這段婚姻。我是懷著強烈的好奇心，去迎接一項偉大的實驗──生活的實驗。」

經過雙方家庭磋商，兩人終於在 1917 年 12 月 30 日結婚。胡適時年 26 歲，妻子比他長一歲。新娘穿上一襲新郎從北京買來的黑色綢緞裙褂，新郎則穿西服。新娘坐上花轎從娘家出發，越山而來，有噼哩啪啦的鞭砲迎迓。此前只能從照片「見面」的新郎新娘，這時才第一次親睹對方面容。一對新人一起到胡家祖祠拜祭，向祖先牌位行三鞠躬禮，接著是大筵親朋。二人新婚燕爾，旋即熱絡起來；溫存了一個月，胡適方返回北京，江氏則留在夫家照顧婆婆──也許是籌辦兒子婚事時操勞過度，喜事過後不久，胡母便不支病倒。

胡適於 1918 年 2 月 19 日給韋蓮司的信中談及近況，說自己新婚愉快，相信夫妻可以好好相處下去；唯一令他不滿的是，妻子抗拒接受教育，不肯定時寫信給他。在他留美七年期間，妻子寫給他

與夫人江冬秀合照

的信僅寥寥數封。

一位在中國發起現代化運動、反對盲婚啞嫁傳統的先驅人物，自己竟接受盲婚啞嫁的安排，不啻是一大諷刺。他這是出於孝心，母親把他帶大，他自覺對其虧欠太多。他在 1921 年的日記中記述

了一段與朋友高夢旦的談話:「假如我那時忍心毀約,使這幾個人終身痛苦,我的良心上的責備,必然比什麼痛苦都難受。」

1918 年夏,江冬秀由績溪遠赴北京,與夫君一起生活。她雖然放了小腳,但小腳已無法恢復正常的形狀和功能。像胡適的母親一樣,她婚後才接受教育,故她寫給胡適的信,通篇都有語法不通之處。她教育程度不高,難以追上時事,更看不懂丈夫的作品裡所蘊涵的思想,夫妻倆住在一起,卻活在兩個世界。她給胡適誕下兩個兒子、一個女兒;她燒得一手好菜,尤其是安徽菜。儘管江冬秀難以在思想上與胡適溝通,但她在一個富裕家庭快樂成長,養成樂觀自信的性格,常與友輩搓麻將取樂。在胡適 32 歲生日當天,她給他戴上一隻戒指,上面刻有「禁酒」二字。當友人勸他更進一杯,他便指著戒指說,奉妻子命禁酒。

1918 年 11 月,胡適婚後不足一年,胡母病逝,享年僅 46 歲,胡適傷心至極。1919 年 3 月,他在寫給韋蓮司的信中說:「我母親去年 11 月因感冒去世了!我跟你談過的,你也知道她。她的離去教我難以承受。她死時才 46 歲,過去 20 多年來,她所忍受的一切都是為了我,如今我剛有能力給她一點過去從未給過的欣慰(她卻離世了)。婚後,我把妻子留在她身邊照顧她,但她知道我工作辛苦,便叫妻子到北京照顧我。當知道我快要有孩子時,她高興極了,可惜最後沒來得及看一眼自己的孫兒。她患感冒,不許別人寫信告訴我……我唯一安慰的,是離家 11 年後,能回來看望母親。」當胡適夫婦接到母親的死訊,便馬上回家,1918 年 12 月 17

日把她下葬，那天是胡適生日。讓胡適格外難過的是，他作為母親的獨子，未能在母親生命中最後幾個月去看望她，也未能在她彌留之際陪伴最後一程。

胡適在太平洋彼邦的紅顏知己也是音訊甚少——他返國後的三年半期間，韋蓮司沒給他寫過一封信，是要尊重胡的新婚妻子，不想當個第三者，還是她得先弄清楚自己對胡的複雜感情？

北京大學與新語言運動

清朝政府對於設立大學這種現代化基本建設，起步緩慢。1877年，鄰國日本已創立東京大學，這是其後合共九所帝國大學中的第一所。它們亦被視為日本的常春藤聯盟，栽培出一批又一批的精英人才，造就了日本成為東亞的主要工業和軍事強國。清政府要到 1894 至 1895 年「甲午戰爭」大敗於日本之後，才認識到興辦新式學府的重要性。1898 年 12 月 31 日，「京師大學堂」在北京創立，錄取學生 150 名，由一位美國長老會牧師擔任首任校長。1904 年，大學首次派遣 47 名學生往海外留學。「辛亥革命」後，大學改名為「國立北京大學」。1916 年 12 月 26 日，時任中華民國大總統黎元洪任命蔡元培為北大校長，蔡履新之前，學生人數不足一千。當時有人批評這所大學非常官僚，學生大多非富則貴，終日沉迷打麻將和飲宴，無心向學。蔡元培上任後，大舉革新，採用他從德國萊比錫大學取經而來的概念和理想，在北大付諸實踐。他在萊比錫修讀哲學、心理學和藝術史，其中一位業師

Karl Lamprecht 在該大學創立了「文明史與世界史研究所」，並寫了 13 卷德國歷史。就如胡適在美國康大和哥大的留學經驗一樣，蔡元培在歐洲留學，讓他對西方歷史和學術成就大開眼界。他把這些學問應用到改革北大上，使這所大學成為中國最重要的高等學府；把學系增到 14 個，又把招生人數從 1914 年底的 900 人增至 2,000 多人。擴充後，大學的學系包括中、英、法、德、俄國文學，數學、物理、化學、地質學、哲學、歷史、經濟、政治科學和法律等，後來再增加教育、東方研究、生物學和心理學。他又把本科課程由三年延長至四年；推動學會制度，讓教授和學生參加不同學科的學術活動；他提倡思想自由、包容別人意見、批判性思維，以及推介西方思想。他理想中的大學環境，是可讓人自由表達自己的思想，以及推行教育時不會受政客操控，這對當時保守的中國教育制度來說，無疑是一場革命。

為推行這些新理念，蔡元培必須有接受過新學術修養的教授來當老師，於是，他招聘了胡適、陳獨秀和李大釗等；後兩者都曾留學日本，是 1921 年 7 月共產黨成立時的創黨黨員。當年正值狂風掃落葉的改革時期，胡適才能以 26 歲之齡獲聘擔任如此崇高的教職，每月賺取可觀的 280 元薪金。1918 年，為接妻子進京同住，胡適租下了大學附近南池子緞庫後胡同 8 號，一座帶院子的傳統大屋。大屋有 17 個房間，卻沒有浴室和自來水，要洗澡，他就要跑到附近的公共澡堂去。幸好，他很容易適應這種中國古老大屋的簡陋不便，一如他很容易適應在美國伊薩卡和紐約那種方便舒適。當時毛澤東也在北大任圖書館助理，每月工資只有 8 元，他

想旁聽胡適的課，但由於不是註冊學生，因而被拒諸門外。毛的粗魯舉止和濃重的湖南鄉音，在大學殿堂裡的精英們眼中，並不討好。許多人相信，他對當年受到的這種歧視一直耿耿於懷，而對知識分子的忌恨，或許是他當權後對「臭老九」進行無情清算的原因之一。

胡適以教授中國古代哲學，展開了他的教學生涯。許多學生對這位年紀輕輕、僅在美國呆了七年的老師頗有保留。胡授課時，摒棄舊有教材，重新撰寫筆記，發予學生，涵蓋的時期上溯至公元前九世紀──他認為早於這個年代的材料是不可靠的。他講的內容和他的教授方法，很能抓住學生的注意力。他為人謙遜隨和，與許多留學回來就變得不可一世、看不起別人的學生大不相同。胡適後來將講義結集成書，定名《中國哲學史大綱（上卷）》，是第一部以西方治學方法與白話文著述的中國哲學史書，開了同類著作的先河。1919 年 2 月，上海商務印書館初版此書，一時洛陽紙貴，三年之內加印七次。胡適也教授西方哲學史、中國文學簡史、英文詩選、歐洲文學名著及唐宋學術史等。胡有幸能在蔡元培開明的作風下工作，蔡氏提供了完美的工作環境，正切合胡適進取而跳脫的頭腦。傳統的、保守的中國大學絕不會聘請胡適這種學者，胡適本人對蔡校長也有高度評價，在口述自傳中提到：「他是一位偉大的領袖，對文學革命發生興趣」，「他在德國也學過一段時期的哲學，所以也是位受過新時代訓練的學者，是位極能接受新意見新思想的現代人物」。蔡元培又委任胡適為大學評議會委員，讓他可就學校許多問題提出意見；胡也參加了《新青年》

初任北大教授

雜誌的編輯工作。

胡適不懈推動白話文，1918 年，他發表了《建設的文學革命論》
一文，闡述並推廣「國語的文學、文學的國語」，結果，其主張
以驚人的速度獲普遍接納，越來越多人開始以白話文發表文章和
著作。一個主要原因是，白話文本來就是老百姓的日常語言。人

們可以直接從其各自的知識和經驗寫文章，而無須先經年累月學習、掌握古文古語，所寫出來的作品，只要具備基本的識字水平便可閱讀。1919 至 1920 年間，有 400 多所小學通過機器印刷或油印方式，出版自己的白話文刊物。1920 年，教育部規定全國小學一、二年級課本必須採用白話文。「倒是我意料之外，我們只用了短短的四年時間，要在學校內以白話代替文言，幾乎已完全成功了。」1922 年以後，所有小學教材都已採用白話文。由 1919 年開始，報紙雜誌開始採用白話文，從而觸達更多讀者。許多作家也用白話文寫作，由文言文改為白話文的速度，猶如水壩後面的水蓄勢待發；民國誕生、舊制結束，加上胡適等文學改革派的雄辯和大力鼓吹，水壩終於決堤，一瀉不可收拾。不過，許多學者質疑胡適，指他沒資格全盤反對文言文：他接受中文教育到 17 歲即止，此後於大學上課和寫博士論文，全用英文；他年齡尚淺，對中國文學語言的認識，遠不及那些窮一生研讀古文的人。這些人還批評胡適的詩和其他創作，水平比不上諸如魯迅等作家。他們認為，正如拉丁文乃眾多歐洲語文之母一樣，文言文就是白話文之母，兩者並非互相排斥，而是互相補足。

來自法國的風暴

胡適留學美國七年，避過了震驚全中國以至歐洲的大變局。在中國，1911 年爆發了「辛亥革命」，以及 1914 年秋，日本強奪德國在山東青島租借的膠州灣。佔據山東後，日本進而於 1915 年 1 月對華提出更多苛索，並於同年 5 月成功與中方簽訂《二十一條》。

歐洲方面，1914 年 8 月爆發第一次世界大戰，是當時歷史上最具破壞力的戰爭。中美兩國一直保持中立，直到 1917 年，才先後於 4 月和 8 月向德國宣戰。和其他留美華生一樣，胡適人雖遠離戰場，心卻時刻關注著戰事的發展。然而，1919 年 5 月，另一場「戰爭」就在北京家門口打響。

1918 年 11 月，第一次世界大戰以德國戰敗告終，戰勝方的列強在法國巴黎凡爾賽宮舉行和會，收拾殘局。各國領袖首先著眼於主戰場歐洲，然後是非洲和中東，最後才是受戰火蹂躪最少的亞洲。亞洲主要的焦點，是德國在山東的租借地，應該撥予自 1914 年便佔領該地的日本，還是交還中國？兩國都算是勝方陣營、兩國的代表團均出席和會，且圍坐同一張談判桌。戰時，中國曾經派出 14 萬名勞工前往法國和比利時，參與靠近前線的非戰鬥任務；而日本的貢獻，則是自 1917 年 4 月到戰爭結束，派遣了一支由九艘艦船組成的海軍中隊，在地中海為盟軍的運兵船護航，整個期間共出動 348 次，先後護衛軍船 750 艘，航程達 24 萬海里，有 72 名海軍陣亡。這些護航行動，阻截了德國和奧地利潛艇的攻擊，保障了數以百計甚至千計的盟軍性命。英、法、美三個戰勝國衡量了日本和中國在大戰中的貢獻，加上日本是英帝國在遠東的最重要盟友，最終於 1919 年 4 月，決定把山東的租借地交給日本，而不是歸還中國。若國民政府在和約上簽字，即表示承認把山東拱手相讓的條款，而政府中竟有人主張接受。

消息傳到北京後，民眾像炸了鍋般，憤怒、失望、不願置信，

無以名狀。難道這就是 14 萬中國人不惜血汗，在法國皮卡第（Picardy）和比利時法蘭德斯（Flanders）戰場運送彈藥、挖掘戰壕、清拆未爆彈換來的代價？這批華工中，約有一萬人死於炮彈、地雷和疾病。1917 年的中國，已和 1895 年慘敗於日本的清朝不一樣，「辛亥革命」和隨之而來的社會醒覺，創造了前所未有的民權社會。這種民族尊嚴感，在學生群體中尤其強烈。這種情懷，部份歸功於蔡元培、胡適及北大和其他大學的老師所播下的種子。1919 年 5 月 4 日下午，約 3,000 名北大及其他大學的學生，撐起寫上各種愛國口號的橫幅，從各自的學校出發，匯流至天安門廣場集合，到外國使館區示威。受到警察攔阻，學生便轉而衝入交通部長曹汝霖官邸，他是其中一個贊成簽署《凡爾賽和約》的官員。學生毆打曹的家人和朋友，放火燒屋。警察拘捕了 32 名學生，關進牢房。事件觸發了全國各大城市的抗議示威和抵制日貨運動，警察逮捕更多學生，又觸發更多群眾上街，數以萬計。在全國經濟心臟的上海，工人罷工、商人罷市。這是中國史上首見的大規模群眾抗議行動，史稱「五四運動」；此後百年間，天安門廣場變成一代又一代學生聚集一起，抒發對時政不滿及表達政治訴求的舞台。眼見學生遭到當局囚禁，蔡元培憤而辭去北大校長之職，以示抗議。民眾的抗議浪潮越演越烈，到 6 月 12 日，國務總理段祺瑞辭職，當局再革除內閣中三名親日閣員，並電令出席凡爾賽會議的中國代表團，不得在和約上簽字。中國代表團成員之一、與胡適同樣是哥大博士的顧維鈞，在會上以英語發言，雄辯滔滔、慷慨激昂，陳述了中國對和約的立場。然而，各國代表最終仍於 6 月 28 日簽署和約，中國是唯一拒絕簽署的國家，並

於後來與德國另簽雙邊協議。這是中國歷史上，首次因大規模民眾抗議而改變政府決策。是年 9 月，政府釋放學生，蔡元培遂返回北大復任。1922 年 2 月 4 日，中國與日本簽訂協議，日本同意交還山東租借地以及運行其間的膠濟鐵路。中國無須採取軍事行動便達到目的，無疑是這個新生民國政府的一大外交勝利。「五四運動」的民眾動員和覺醒，對中國的社會、文化和政治影響至深至遠，其中一個最重要的產物，是 1921 年 7 月成立的中國共產黨，這點我們將在下一章述說。

胡適在當年 12 月為《中國社會政治科學評論》撰寫的一篇英文文章中，這樣形容 1919 年的重大變化：「1919 年的事件給我們上了新的一課：由學生、商人、示威、街頭演說以至抵制活動所匯合成的非政治力量取得了勝利。這是個重大的啟示，同時產生了新的樂觀主義。」在他看來，政治改革只是此次「中國的文藝復興」中的小部份。他說：「我們還須教育群眾、解放婦女、改革學校、發展國內實業、重塑家庭制度、對抗封建舊思想、打倒虛假有害的偶像……今日中國的知識界開始對科學精神有所認識，它首先表現在對事物的懷疑精神，到處都聽到人問『為什麼』——為什麼要相信這個或那個意念，為什麼這個或那個機構今天仍存在？」

在中國巡迴演說

1919 年 2 月 9 日，胡適在美國時的老師杜威教授抵達日本，到東京帝國大學展開連串有關哲學的講座。他打算在回美國前，先

到中國各地巡訪六個星期，胡適獲悉後，便與其他院校的同業商討籌募經費，以邀請杜威來華演講。蔡元培致函哥倫比亞大學校長，盼能割愛一年，讓杜威到北京大學講學，幸得對方答允。杜威夫婦獲邀，很是感動，也願意往訪中國，但未知將逗留多久，也不知道東道主能否支付所費，於是決定走一步看一步。夫婦倆於同年 4 月 30 日抵達上海，胡適及其他杜威的學生在碼頭迎接，並陪他們往滄洲別墅下榻。杜威夫婦在上海暢遊數天後，於 5 月 3 日及 4 日在南京江蘇省教育會發表首兩場演講。接著兩星期，杜威都在南京演講，然後轉往北京，在抵達北京四天後，「五四運動」就爆發了。杜威是一位十分投入的社會觀察家，他在中國所看到的一切，都令他亢奮不已：他知道，他在親睹歷史的發生。他看到上海、北京及其他城市所舉行的抗議示威，原先六個星期的短暫訪問旅行，變成 26 個月的實地社會考察，足跡遍及上海、北京、天津、遼寧、河北、山西、山東、江蘇、湖南、湖北、浙江、福建、廣東等 14 個省及直轄市，曾作大小演講 200 多場，聽眾數以萬計，各地報章都以大篇幅報導。在巡迴講學期間，他的演講內容售出了 14 萬份，直到 1950 年代仍不斷再版。胡適一直擔當杜威的主要傳譯員，若他忙於別的工作，便由同樣畢業於哥大的同窗王微代勞。在陪同杜威旅行的過程中，胡適有機會認識各省市的領導人，包括軍閥，這大大擴寬了他的人脈網絡。杜威訪華期間，中國流行一個說法：中國需要「德先生」和「賽先生」（即民主與科學——Democracy 與 Science 的音譯）。杜威在中國逗留這麼久的其中一個原因，是他對在中國的所見所聞十分著迷；那是一個他前所未見的，社會和知識界發酵、變化的過程。他形

容眼前知識界的思想面貌，受「各種傾向之間的混亂、不確定、互相批評和敵視」所困惑，中國青年有著「各種互相矛盾的意識形態」。

一個外國人能像杜威那樣在全中國遊走，確是前無古人後無來者。自清末以來，不乏外國人、特別是西方人到中國當教師。1898 年，北大首位校長丁韙良（William Alexander Parsons Martin）是美國長老會（Presbyterian）的牧師，他能講流利中國話，也能寫中文，但從未有西方人能如此穿州過省遊歷，更向成千上萬的人演講，並出版、售賣演說內容。民初，國民政府的態度較開明，加上胡適及其他哥大校友的積極張羅、組織有方，終能玉成美事；當然，教授對他們的精神感召，也有以致之。杜威向中國人提倡的理念，與他在美國所提倡的並無二致，如不進行暴力革命，而是透過教育和社會改革，改變國家；容許思想自由、用科學方法分析問題等，冀找出適合中國國情的出路，而不是仿效西方。杜威又認為單靠政治改革不能救中國，應該要從基層做起，由下而上，特別是建立一個能充分善用中國人力優勢的教育系統。杜威給中國人的建議，是在極端主義和保守主義之間，走出「第三條路」。他說：「有些人提出可以一勞永逸地重塑世界的宏偉計劃，但至少我本人完全不相信世界可以一勞永逸地、完全地重建；世界只能一步一步地、通過個人努力地改造⋯⋯我們所渴求的社會，是一個人們有最大機會自由交換意見、自由溝通的社會。」一貫以來，中國教育都是通過死記硬背，傳授前人的知識，但杜威對此大不以為然。他認為教育的功能，應是訓練學生獨立

思考，培養其好奇心、發展其個性，最終投入到公民社會。杜威的這套理論深深嵌入千千萬萬人的心，但他對中國歷史走向的影響卻始終有限——要落實他的理念，前提是要有一個穩定的政治和法制環境，而當時中國正正缺乏這個環境。反倒是另一位西方人馬克思（Karl Marx），對中國的影響就遠比杜威大。馬克思生於1818 年、卒於 1883 年，畢生從未踏足中國。

北大另一位重要的客座教授，是英國哲學家羅素（Bertrand Russell），他於 1920 年 10 月來華，逗留九個月，遊歷中國各地，作了 63 場公開演講。再下來，諾貝爾文學獎得主、印度作家泰戈爾（Rabinadranath Tagore）也於 1924 年到訪北大，他的許多作品都被譯成中文。這些傑出外國學者的來訪，顯示出胡適及他的同事們要把外國最好的知識帶給中國人的那種熱切心願和不懈努力，也顯示了當時北洋政府的開放態度——在這方面，1911 年之前和 1949 年之後的政府就保守得多。

《玩偶之家》與女性地位

1919 年夏，全國多所大學的學生團體都在演出一套新話劇《終身大事》，很快便風靡全國。劇中，23 歲的田亞梅拒絕父母替她安排婚事，最後留下一封信給父母，與在汽車中等她的男友私奔。此劇的作者就是胡適，劇本刊登於當年 3 月號的《新青年》。故事的靈感，來自挪威劇作家易卜生（Henrik Ibsen）的作品《玩偶之家》（*A Doll's House*），胡適在 1914 年讀到這劇本。《玩偶之家》是

1924 年，於泰戈爾（居中者）來華訪問時合影，左二為胡適。

全球首部描寫婦女解放的作品，1879 年 12 月在丹麥首都哥本哈根首演。劇中的女主角娜拉是一位銀行經理的妻子，慢慢地，她發覺自己一生都在父親和丈夫的控制下過活，也意識到自己原來不愛丈夫，終於有一天她毅然摔門而出，離家而去。

胡適留美七年期間，女權是他關注的題目之一。他接觸過不少獨立自主的女性，例如韋蓮司和她的女性朋友，她們都受過良好教育，性格自信，覺得自己能與男士平起平坐。社會和家裡的父母都期望她們會出嫁，她們自己卻認為結婚與否純屬個人選擇，不

是一種責任；即使沒有完全自由，至少也該有選揀結婚對象的權利。在美國，胡適也見到婦女在允許她們從事的行業中，如醫生、律師、教師、護士、助產士、作家、裁縫等，作出她們的貢獻。韋蓮司就是一個例子，她先是一位前衛藝術家，後成為一所常春藤大學的圖書館館員。杜威教授的太太愛麗絲也是來自教育界的，是一位全身投入社會的成熟女士。對比之下，胡適想到中國的婦女，她們被剝奪受教育的權利，無法進入專業人士的行列；更有數以百萬計婦女纏足，象徵著她們是被勞役的一群。這是多麼浪費寶貴的人力資源啊！

1918 年 6 月號的《新青年》，是翻譯易卜生作品的專號。胡適以「易卜生主義」為題，寫了一篇專門的介紹文章，也算是為專號作序。他盛讚易卜生把社會問題搬上舞台，借舞台提倡個人主義。在胡適《終身大事》一劇中，田亞梅留學時認識了男朋友陳先生，二人旋即墮入愛河。田的父母強烈反對他們結婚，因為一位算命先生告訴田的父母，兩個年輕人的生日時辰相沖，而田家的「族規」也不准和姓陳的聯婚。田女極力勸解父母，但努力歸於徒勞，最後毅然離巢而去，與愛人雙宿雙棲。《終身大事》和它的原型《玩偶之家》，都在年輕人中產生了共鳴，客觀上鼓勵了不少青年男女效法田女或娜拉，放棄家庭的庇蔭，與愛人尋找自己的幸福。

胡適要挑戰的另一個女性議題的戰場，是中國人在「忠貞」問題上的假仁假義。正如許多保守國家一樣，人們呼喊性愛自由，但僅限男士得享，女士休想。富貴人家的男人可以三妻四妾，在外

還可以出入煙花之地;正室離世,丈夫可以續弦再娶,這些都是社會所容許的。反過來,女性必須從一而終,婚外苟且之事萬萬不可,即使丈夫亡故,也須終身守節!在媒妁包辦的婚姻中,女子婚前不能與未來夫婿見面,正如當年胡適和妻子江冬秀。胡適在 1918 年 7 月號的《新青年》上發表題為〈貞操問題〉的文章,認為一個對妻子不忠的男人,無權要求妻子仍對他忠心。按照中國傳統規範,若年輕女子的未婚夫在婚前亡故,或丈夫婚後早逝,均須終身守寡,有些寡婦因此在丈夫死後自盡。文章對此社會陋習大力抨擊,胡適說,「貞操是男女相待的一種態度,乃是雙方交互的道德,不是偏於女子一方面的」,「男子對於女子,也該有同等的態度。若男子不能照樣還敬,他就是不配受這種貞操的待遇」。至於寡婦是否再婚,「全是個人問題……故我極端反對國家用法律的規定來褒揚守節不嫁的寡婦。」

1922 年,胡適邀請美國女權分子、現代節育運動創始人瑪格麗特‧桑格(Margaret Sanger)到北大演講。和杜威一樣,她也到過日本講學。桑格生於 1879 年 9 月,她母親 22 年內懷了 18 個孩子,桑格是第六個,所有孩子中只有 11 個活了下來。她母親懷最後一胎時過世,死時才 49 歲。桑格學習成為一名護士,並於 1916 年 10 月開辦了全美國第一所節育診所。回望母親的一生讓她相信,要讓女性與男性平等和得享健康,她們應該有權決定是否生育、何時生育。當時,協助他人避孕是法律不容許的,診所開張後不久,她便因違法派發避孕藥而被捕,判罰勞動 30 天。1921年,桑格創立「美國節育聯盟」(American Birth Control League)。

説回北大，約有 2,000 人慕名來聽桑格的演講，題目是「控制生育」，由胡適擔任傳譯。多虧胡適，學生有機會聆聽一位全球節育運動先驅的觀點和主張。可惜，她所宣揚的，在當時的美國、歐洲以至中國都引起爭議。無論如何，中國有兩份婦女雜誌，全文刊登了胡適所翻譯的桑格演講內容，此後，中國的節育工作者漸漸接納並採用了她的理論和方法。一個世紀之後，中國婦女已經掌握了胡適的母親和妻子那一代所不能想像的知識、權利和自由。這個歷史性的進步，胡適和他的同志們功不可沒。

「我實在不要兒子，兒子自己來了」

1918 年夏 ，江冬秀遷往北京，與丈夫同住。由於胡適薪津豐厚，負擔得起寬敞的房子，招待不時由安徽來看望的親戚；還僱了一位來自東北的女管家、一位侍婢和一位廚子服侍。胡太太喜歡打麻將，胡適不時也陪她和她的朋友玩，但大部份時間都躲進自己的書房。他們第一個孩子在 1919 年出生，取名祖望，意思是「祖母的寄望」，紀念一年前過世的胡母。女兒素菲翌年出生，名字取自胡適的密友、中國首位大學女教授陳衡哲，她的洋名是 Sophia。胡、陳二人 1916 年於美國康乃爾大學初識，陳修讀歷史，畢業於紐約州瓦薩學院（Vassar College），獲文學士學位；1920 年返國，在北大教授西方歷史。素菲 1925 年死於肺結核，教胡氏夫婦傷心欲絕。他們的第二個兒子思杜於 1921 年出生，取「思念杜威」之意。胡太太管財政，家庭開支很少，主要支出是胡適買書和進口香煙，加上胡太太從麻將桌上輸掉的錢。以胡適

江冬秀與三個年幼孩子，右起：祖望、思杜、素菲。

的年輕，他的收入已經相當好，不過他們有不少家計捉襟見肘、在在需財的親戚。

祖望出生後，胡適寫了一首致兒子的詩，題為《我的兒子》：「我實在不要兒子，兒子自己來了。『無後主義』的招牌，於今掛不起來了！譬如樹上開花，花落天然結果。那果便是你，那樹便是我。」

以那個時代來說，這首詩頗具革命性。在中國，男人的首要責任，是娶對新娘子，為祖上添丁。由出生那天起，男孫便要負起日後照顧父母和祖父母的責任；他欠下他們的恩情債，一生都無法清還。胡適在美國遇到的年輕人都不接受這套想法。他們認為人長大了不一定要結婚，即使結婚也不一定要生孩子。這樣，那沒完沒了的責任與義務的循環，便可切斷。胡適寫文章探討這些理念，同時反對中國人憑父母之命、媒妁之言定奪婚事的傳統。所謂人權，其中一條最基本的原則，正是人可以與自己選擇的對象成婚，但胡氏自己卻仍遵從他所反對的老俗，迎娶一個不由自己選擇的女子，足見他是過去與現今、清朝與西方、新舊兩個世代之間的產物。

1923 年，胡適向北大申請一年病假，其中七個月在南方休養，包括有五個月在杭州，靠近風景優美的西湖。在此期間，他和曹誠英發生了戀情。曹是一位安徽商人妾侍的女兒，也是胡適的姻親，她靠自己的努力接受教育，由於丈夫娶了妾侍，毅然與夫離婚。她是胡適在美國遇過的那種自立、有教養的女人，與胡妻截然相反。後來，曹誠英懷了胡適的骨肉，那年冬天，胡向江冬秀提出離婚，江勃然大怒，雙方激烈爭吵。據說，她曾威脅若胡適膽敢和她離婚，她會跑進廚房拿菜刀先殺掉兩個兒子，然後自盡。胡適只好退讓，不再提離婚，轉而要求曹誠英墮胎。在中國，離婚的事萬中無一，是不光彩的事。若胡適貪新忘舊，休掉元配，將嚴重打擊自己作為一位公眾人物的聲譽。在他後半生中，雖也曾與其他女性有染，但再不曾向妻子提過「離婚」二字。

1923 年，與友人同遊杭州，左四是胡適，右二是曹誠英。

此後，胡適悉心為曹誠英安排進修，幸得他的推薦，曹於 1934 年秋獲康乃爾大學農學院取錄，胡適更請紅顏知己韋蓮司對她善加照應。曹誠英 1937 年取得碩士學位回國，成為全國首位農業科學女教授，於安徽大學任教。

本章資料來源

Dewey and May Fourth China（杜威與「五四」），紐約州立大學出版社（奧爾巴尼分校），2007 年。

北京大學官網

江勇振：《舍我其誰：胡適》第一部（1891-1917）（詳見第一章末）

林語堂：《從異教徒到基督徒》（原名 *From Pagan to Christian*，有譯作《信仰之旅》），World Publishing House，1959。

周質平（編）：《胡適英文文存》，外語教學與研究出版社，北京，2012 年。

唐德剛：《胡適口述自傳》（詳見第一章末）

陳毓賢、周質平：*A Pragmatist and His Free Spirit*（詳見第一章末）

湯晏：《青年胡適 1891-1917》（詳見第一章末）

楊聯芬（北京師範大學）："The Absence of Gender in May Fourth Narratives of Woman's Emancipation"（「五四」婦解敘事中性別的缺位），*New Zealand Journal of Asian Studies*，卷 12（1 號），2010 年 6 月，頁 6-13。

第五章

Chapter Five

一九二〇年代：政治紛亂，但碩果纍纍

1920 年代的中國，是個充滿動盪與暴力的十年，但對胡適來說，卻是個學術思想和活動相當活躍的十年。開初的七年，他以北京為家，在這七年裡，中國前後出過 19 位總理。其時，敵對的軍閥打個你死我活，爭奪權力、土地和資源；影響之下，政府沒有錢給北京大學的教授們發工資。1923 年，北大校長蔡元培辭職，離開了中國三年。到了 1927 年，胡適判斷，繼續留在北京實在太危險了，於是帶同家人遷居上海，一住也是三年。他對「辛亥革命」和「五四運動」的結果感到沮喪，大變局沒為中國帶來他期盼的現代化民主政府。同一個十年，見證了兩個政黨的興起，兩黨均承諾把四分五裂的國家重新統一，結束混亂狀態：一個是由蔣介石領導的「中國國民黨」，另一個是由毛澤東領導的「中國共產黨」。後者在 1921 年創立，創黨人之中有兩位曾在北大供職，算是胡適的同事。

在混亂和動盪的當下，胡適仍筆耕不輟，產量甚豐。他寫的書和文章涵蓋主題甚廣，包括文學、哲學、歷史，也寫社會和政治議題，那個時期的著作包括《中國哲學史大綱》（1922）和《白話文學史》（1928）。主要的雜誌和期刊爭相刊載他的文章，讓他有機會接觸全國讀者。在北大，胡適的學生包括了當時中國其中一些最出色的思想精英；通過教學和寫作，他影響了數以千計的中國人，無論是知識分子或廣大民眾。1926 和 1927 年，他在英國和美國度過了九個月，在知名大學講學，與社會精英會面，從事禪宗研究並深受其吸引。

1920 年 3 月 14 日，遊覽西山臥佛寺時留影，左起：蔣夢麟、蔡元培、胡適、李大釗。

尋求資金

中國紛亂，北大自然不能獨善其身。自 1921 年初，政府無法給北大和首都其他七所大學院校的教職工支付薪金。八校於 3 月 15 日組織了「教職員聯席代表會議」，追索欠薪並爭取大學其他經費；6 月 3 日，教授和學生們上街示威，迎接他們的，是總統衛隊的棍棒、刺刀甚至子彈。教授們的抗爭持續了幾年，到 1923 年 1 月，蔡元培因抗議財政總長羅文幹遭誣陷受賄被捕，憤而辭去北大校

長一職，離中赴法，直至 1926 年方回國。在那段艱難時期，胡適和同事們得到「中華教育文化基金」的資助，受益很深。基金於 1924 年成立，中國政府成立了一個由 10 名華人和 5 名美國人組成的信託委員會，負責管理由美國政府撥出的第二筆庚子賠款，共 1,250 萬美元。委員會的章程明確：基金必須自我永續，這一設計有先見之明，可預防政府的干預。當時，1,250 萬美元是一筆巨款，它每年產生的流動現金，有助北大免陷財政困局，至少補助了教師和職工的欠薪；也多虧該款，才得以創辦和興建「國立北平圖書館」（今「中國國家圖書館古籍館」的前身），以及搜購珍稀書籍。

1923 年，胡適連同幾位朋友成立了一個文化沙龍，取名「新月社」，靈感來自印度詩人泰戈爾的一首詩。新月社的主要推手，是胡適的密友、他在北大的同事徐志摩。徐志摩 1896 年出生於浙江海寧一個富裕家庭，長大後先後負笈美國和英國留學；回國後，到北大擔任教職，後來成為中國新詩運動一位先鋒人物。新月社上演話劇、發行雜誌，是詩人和作家以白話發表作品、嘗試新文學表達形式的平台。徐志摩把西方羅曼蒂克的表達形式引入中國，把「詩」從傳統詩體解放出來，讓自由詩有機會一展風采。泰戈爾 1924 年來華訪問期間，徐志摩是他的其中一位傳譯。

胡適交遊廣闊，華人洋人都有，一如他在美國的時候。例如，清朝末代皇帝溥儀的英籍教師莊士敦（Reginald F. Johnston），便是他的朋友之一。一張攝於 1923 年的照片顯示，莊士敦正引領胡適

漫遊紫禁城；攝於 1924 和 1925 年的另兩張照片則顯示，胡適在北大與來自日本的友人會面，包括學者們和一位日本議會議員。

北京學生的激進抗爭與當局的暴烈反應，陷教授們於兩難之中：應否支持學生？若然，至何等程度？應否冒受傷、被捕、被褫奪教職的風險，參加示威遊行？不少北大教授曾在日本、美國、歐洲留學，在那些國家，如此的示威不單被允許，而且被認為是大學生活中稀鬆平常的事。胡適是個中庸分子，他雖常支持學生的訴求，卻反對擾亂正規課堂秩序，因此他主張學生應留在教室和圖書館，而不是上街。他反對沒有清晰目標或目標無望達成的激進主義，服膺其導師杜威教授（John Dewey）的哲學，認為教育是創造社會進步和改革最重要的途徑；又認為若要中國成為一個現代國家，國人必須改變他們的思維方式。

人們從胡適這個時期的文章中，可以看到他的想法：「現在國中最大的病根並不是軍閥與惡官僚，乃是懶惰的心理，淺薄的思想，靠天吃飯的迷信，隔岸觀火的態度。這些東西是我們的真仇敵⋯⋯我們決不可忘記這二千年來思想文藝造成的惡果⋯⋯打倒今日之惡政治⋯⋯要大家努力。」

共產黨的成立

前文提過，胡適有兩位朋友和北大同事都是中國共產黨的創辦人之一，他們就是陳獨秀和李大釗。由於陳在北京的「五四運動」

中擔當重要角色，致使他被當局抓捕，投獄三個月。獲釋後，陳獨秀立即離開北京，前往上海，廁身法租界內，並在那裡繼續編輯《新青年》。這份期刊越來越偏向左翼，已經超越胡適可以接受的界線。1920 年 5 月，陳獨秀遇上兩位由蘇聯派遣的「共產國際」代表，其後，他擔任籌組中的中國共產黨臨時中央委員會書記。當年 12 月，李大釗在北京創立黨組織；到 1921 年夏，53 名黨員中，有 21 名是北大的學生或教職員；1921 年 7 月 23 日，中共在上海法租界黃浦區的一處石庫門民宅，召開第一次全國代表大會（簡稱「一大」），出席的有 13 名黨員代表，另有兩名「共產國際」的代表列席。儘管陳獨秀因故未能出席，仍被大會選為中央局書記，同樣缺席的李大釗則獲確認為黨的創辦人之一。陳獨秀與胡適有不少共同之處：二人都是來自頗有根基的家庭、都接受傳統教育，然後到海外留學。作為《新青年》的編輯，陳獨秀刊登胡適有關推廣白話文的文章，使胡的名字傳遍中國。陳獨秀後來成為北大文科學長，李大釗則擔任北大圖書館主任，同一時期，胡適也在北大任教。三人均是卓爾不群的知識分子，又均提倡橫掃中華大地的改革。但胡適有一點為陳、李二人所無：胡在美國生活的日子長、正面的體驗多，也有幸師從充滿魅力的杜威教授。陳獨秀和李大釗在日本的時候，卻從未如胡適在美國時般，進入當地的主流社會，而是把大部份的時間和精力，都用於組織反清活動──以李大釗為例，他因為長期缺課，以至被東京早稻田大學開除校籍。在美國，胡適看到不少中國可以借鑒的地方，但陳、李二人卻看不到日本有何值得中國學習之處。至於性格，胡陳二人也不一樣：胡適慣於思慮、擅長分析，而陳則性情多變、

情緒無常。

由莫斯科差遣來華的「共產國際」代表——吳廷康（Grigori Voitinsky）、楊明齋和馬林（Henk Sneevliet），對中國共產黨的創立，扮演著相當關鍵的角色。他們所來自的黨，往績無與倫比，曾經推翻沙俄皇朝，建立了世界前所未見的全新政權。這個政權帶來了新的意識形態、嚴密監控全國的黨組織和系統。1925 年，他們把首批共 340 名中國人（主要是中共黨員）送去莫斯科，入讀專門培育中國革命幹部的「孫逸仙大學」。但無論李大釗還是陳獨秀，均未能在革命的熊熊烈火中屹立不倒。

1926 年 3 月 18 日，李大釗在北京組織了一場反政府示威，政府軍向群眾開火，47 人被射殺、超過 200 人受傷。李大釗成了政府的頭號通緝犯，只好躲進北京蘇聯大使館。1927 年 4 月，盤踞東北的親政府軍閥張作霖，命令其部隊硬闖大使館，拘捕匿藏的李大釗和他的戰友們。4 月 28 日，李大釗和 19 位同志以絞刑被處決。當年的蘇聯使館，今天仍屹立在北京城的東北角，靠近一環；它是全球其中一座規模最大的外交建築群，範圍內有住宅、學校、體育設施、開闊的場地，以及一處防空掩體，是絕佳的避難所。至於陳獨秀，他與「共產國際」及毛澤東在鬥爭策略上起了矛盾，終至鬧翻，1927 年辭去中共總書記的職務，1929 年遭中共驅逐出黨。1932 年，他遭國民黨政府以創辦非法政黨的罪名逮捕入獄，直至 1937 年中日戰爭爆發始獲釋。1942 年，陳獨秀在重慶以西的江津市離世，終年 62 歲。若他當年仍擔任中共的最高領導，而不

是由毛澤東取而代之，中國的歷史相信會走出一條很不一樣的軌跡。

儘管胡適在政治上與兩位北大前同事並非志同道合，卻無礙他視對方為友。他先後於 1919 及 1922 年遊說政府釋放陳獨秀，1934年又到監獄看望陳；陳死後，他為陳的遺文選集寫序。1930 年，胡適以他的第三卷文集獻給李大釗。

胡適本人盡量迴避政治，他樂於發表政見，但不想加入政黨，而是把透過教育、文學、哲學和文化改革國家，視為自己的使命。在 1920 年代那些慘痛而致命的政治鬥爭中，越來越難保持中立。陳獨秀被清算之後，國、共成為實力最強的兩個政黨，蔣介石先集中精力，向佔據半壁江山的軍閥們發動北伐，並取得成功。1927 年 4 月 18 日，新的國民政府在南京正式成立。1928 年 6 月 8日，國民革命軍攻陷北平，即今天的北京；12 月，奉系軍閥張學良宣佈歸順國民政府，史稱「東北易幟」。自此，國民政府管轄之地，由南方的廣東延伸至東北的瀋陽。

「我對無政府主義、社會主義和布爾札維克主義等等不以為然」

自 1920 年代初起，胡適就反對共產主義，這個立場終身未改。他認為，該黨的某些口號，例如關於封建主義、資本主義和帝國主義等，會誤導人民相信中國很多複雜的問題可以如何解決；那

些口號既無邏輯又不容辯駁，違反他所主張的科學方法和分析思維。他在口述自傳中說：「我的意思是想針對那種有被盲目接受危險的教條主義，如無政府主義、社會主義和布爾札維克主義等等，來稍加批評。」胡適認為，談「主義」很容易，且常被野心家用以達成他們的私人目的。中國不需要專制暴力的革命，也不需要以暴制暴的革命；中國需要的是仔細分析個別問題，然後通過不斷嘗試以求解答。他常用兩句話去概況他的治學態度：「大膽假設，小心求證」。他認為「主義」最危險之處，是它滿足了人們渴求答案的心理，令他們相信已經找到完滿的答案。可惜人們多不耐煩聽胡適的分析，他們要的是激進而立竿見影的偏方，以醫治貧窮、文盲、疾病、貪污、外國干預等中國的「頑疾」。

胡適說：「事實上，陳獨秀在一九一九年還沒有相信馬克思主義，在他的早期的著作裡，他曾坦白地反對社會主義……李大釗在一九一八和一九一九年間，已經開始寫文章稱頌俄國的布爾札維克的革命了，所以陳獨秀比起李大釗來，在信仰社會主義方面卻是一位後進。陳獨秀在和北京警察搞了一段不幸的關係之後，便離開北京，一去不返了。……自一九二〇年一月以後，陳獨秀是離開我們北京大學這個社團了。他離開了我們《新青年》團體裡的一些老朋友，……越離越遠。……（在陳氏一人主編之下，《新青年》）在上海也就逐漸變成一個（鼓吹）工人運動的刊物，後來就專門變成宣傳共產主義的雜誌了。最後終於被上海法租界當局所查封。」

胡適有不同於兩個前同事的願景。1919 年 12 月，他在一篇名為〈新思潮的意義〉的文章中，設下對「中國文藝復興運動」的四重目的，歸納為：「一、研究問題，特殊的問題和今日切迫的問題；二、輸入學理，從海外輸入那些適合我們做參考和比較研究用的學理；三、整理國故（把三千年來支離破碎的古學，用科學方法做一番有系統的整理）；四、再造文明。」這些都是雄心勃勃的目標，但他相信人人皆可做到，而無須跳到政治的泥淖裡打滾。

在接下來的 30 年裡，胡適一直堅持他反共的立場。1948 年 12 月，中共的解放軍已兵臨北平城下，胡適有不少已厭倦了國民黨統治的同事，選擇留下迎接新政權。蔣介石派遣專機到北平，接走希望離開的知識分子。胡適深知若他落入人民共和國之手，未來的日子將會如何，因而不加思索，抓住這個離開的機會——自此一別，胡適就沒有再次踏足中國大陸。1949 年正式打下中國江山後，毛澤東對胡適當年反對共產黨及拒絕留在北平，恨之入骨，總要在某個時間展開報復。1950 年代，毛澤東連續四年策動全國性的反胡適運動，一時間，報章雜誌刊載了數以百萬計的文字，對他大舉批鬥。運動當前，1948 年沒有跟隨父親離開、決定留在北平的胡適次子胡思杜，亦公開聲討其父，稱胡適「是人民的敵人，也是我自己的敵人」，是「帝國主義的走狗」。1957 年，反右運動如火如荼之際，胡思杜被打成右派；受不了種種折磨，他於同年 9 月 21 日自縊身亡，時年僅 36 歲。

《神會和尚遺集》

多虧美國的庚子賠款獎學金，胡適及數以百計的華人學子才能留美學習。1922 年，英國政府決定跟隨這良策，設立英國版的獎學金，並成立專門的「中英庚款顧問委員會」，就如何善用該款項提供意見。委員會有 11 名成員，其中八位是身份顯赫的英國公民、三位是華人，包括胡適和丁文江。丁畢業於蘇格蘭格拉斯哥大學（University of Glasgow），是中國最早的地質學專家之一。胡丁二人陪同委員會成員前往天津、上海、南京、杭州及其他城市考察，幫助委員會決定庚子款如何運用及投放何處。

為好好完成庚款顧問委員會的工作，胡適向北大申請休假一年獲批。1926 年 7 月，他從北平出發，赴英參加委員會會議，坐火車途經莫斯科，在該城逗留了三天。這是他生平第一次，也是唯一一次到訪蘇聯，那是共產主義革命的搖籃，也是這火種傳播的中心。在 8 月一封寫給友人徐志摩的信中，他描述了該次見聞：「我在莫斯科三天，覺得那裡的人有一種 seriousness of purpose，真有一種『認真』、『發憤有為』的氣象。我去看那『革命博物館』，看那 1890－1917 年的革命運動，真使我們愧死。我想我們應該發憤振作一番，鼓起一點精神來擔當大事。要嚴肅地做個人，方才可以對得住我們現在的地位。」他在 9 月給徐寫了另一封信，是關於蘇聯的：「列寧一班人，都是很有學問經驗的人，不是從天上掉下來的。況且『狄克推多』[dictator，獨裁官] 制之下，只有順逆，沒有是非——今日之豬仔（不限於議員），正是將來『狄克

推多』制下的得意人物。這種制度之下沒有我們獨立思想的人的生活餘地。我們要救國，應該從思想學問下手；無論如何迂緩，總是逃不了的。」這是胡適在 1948 年 12 月，蔣介石派飛機赴北平把他接走時的思維格局。

庚款委員會成員 8 月抵達倫敦後，開了兩次正式會議，並於 10 月 26 日向英國外相提交報告。最終，英政府運用該筆賠款，採購在中國修建鐵路時所需的橋樑、火車機車、車廂車皮、路軌和一應部件；此外，又撥付 46.5 萬英鎊予香港大學以及該校的中國委員會，向華人學生提供教育，及促進中英兩國之間更緊密的文化關係。

胡適對中國佛學極感興趣，於他而言，遊歷歐洲也是研究佛學的絕佳機會。為此，他到訪過巴黎的法國國家圖書館和倫敦的大英博物館，兩者都藏有異常珍貴的敦煌手卷。胡適在他的口述自傳中，描述了這些文物令人驚訝的旅程：1900 年的一天，敦煌有一位道士如常做打掃工作，無意發現壁畫之後似乎有一扇門。他把門打開，發現了大量經卷寫本。這位道士沒有文化，不知道這些卷子的珍貴，乃打主意把它們當作仙方，出售給附近鄉民，燒成符水飲用，以醫治牙痛或頭痛。所幸敦煌人口稀少，無法大量出售。一直到 1907 年，英國考古學家斯坦因（Sir Aurel Stein）到了敦煌，聽說這宗大批發現的中古寫本，乃親往查訪。他向那位道士付了七十両銀子，便運走了七大車的卷子寫本，經印度而去，終為倫敦大英博物館所收藏。翌年，法國漢學家伯希和（Paul Pelliot）也聞訊往訪，他因為能讀漢字和一些中亞細亞方言，便說

服道士讓他住下，慢慢選擇，運走了大約三、四千卷，後來送給法國國家圖書館。他是取道北京返國時，找了些中國學者來幫忙查對中文，這樣才驚動了中國的學術界。學者得出結論，當年，或許是因為戰火等緊急原因，僧人們把卷軸收藏在山洞裡，在逃離之前把門封死；敦煌地區氣候乾燥，過了一個又一個世紀，寶物竟奇蹟地保存下來。

胡適於巴黎逗留的日子裡，一口氣看了 50 卷唐代的佛經；在倫敦更是看了 100 卷。大英博物館讓他看有關禪宗歷史的重要史料，特別是八世紀時的，他把它們都複印了。1930 年，胡適把這些史料整理為《神會和尚遺集》，在北京出版。大英博物館的館藏收集了採自絲綢之路沿途各地超過 4.5 萬份抄本和印刷本的經文，載體包括紙張、木簡和其他物料。其中，有 2 萬份是中文的，其餘有藏文、梵文、維吾爾文、蒙古文以及其他。歷史上第一部譯成中文的佛經，於公元二世紀面世。自此，佛教開始漢化，並成為中國本土宗教之一，不再被看成「外來」宗教。法、英之行雖已結束，「佛教在中國的發展」仍是胡適終其一生的重要研究課題。

在英國的文化界，胡適是一顆明星——他在知名大學和知識分子圈講學，英國的精英階層中有不少人曾邀他會晤，包括香港上海匯豐銀行主席艾惕思（Charles Addis）爵士、坎特伯雷大主教、英國工黨領袖兼前首相麥克唐納（Ramsay MacDonald），以及歷史學家湯恩比（Arnold Toynbee）。英國人如此盡地主之誼，說明了兩點：一、當地上流社會有不少人對中國以及她的未來感興趣；

二、事實上，胡適較任何其他中國人更能為他們解讀這個國家。胡有他的魅力、英語流利、具學術分量、嫻熟於公眾演說，凡此種種，都令他成為晚宴嘉賓和講者的不二之選。

1926 年末，胡適轉到美國，在那裡一樣炙手可熱。他在哥倫比亞大學和哈佛大學講中國哲學課；他在紐約阿斯特酒店（Astor Hotel）參與「外交關係協會」（Council on Foreign Relations）一場題為「中國的未來」的辯論時，有 1,500 人到場親聆，超過 5 萬人透過收音機廣播收聽。他又與杜威教授及其家人共處。在紐約，他向哥大提交論文，獲頒哲學博士學位。1927 年 3 月，他在康乃爾大學主校區和韋蓮司共度了三個星期，這是自胡適十年前離開中國後，他們兩人首次重遇。

「日本給我印象至深」

在美國停留逾三個月後，胡適於 4 月 12 日從西雅圖出發，乘船前往日本。他在日本逗留了 23 天，行程包括京都、奈良、大阪和箱根，期間拜會了當地研究中國和佛學問題的學者。胡適在 5 月 17 日從日本寄給韋蓮司的一封信裡說：「日本給我印象至深，在這十年裡居然有這麼大的進步！在東京和一些現代城市，人力車正逐漸消失，這不是在佛教、孔教或基督教的影響之下完成的，而只是物質進步的自然結果！多麼值得借鑒啊！」他視日本為亞洲國家中全盤西化最成功的例子，最早讓人看到這點的，莫過於 1894 至 1895 年間，這個小小的島國竟一舉擊倒強鄰中國，後者更是

胡適（左一）和日本學者高楠順次郎（左二）等一起參觀京都法隆寺，左三是法隆寺的方丈佐伯。

敗得面目無光。日本現代化之所以成功、中國之所以失敗，是胡適在其著作和演說中經常出現的一個主題。他 1928 年在紐約 *The World's Best* 雜誌中發表了一篇英文文章，大意為，日本透過毫無保留地接受西方文明的工具和機器，在短時間內成就了一個現代文明。當 1853 年美國海軍準將貝里（Matthew Perry）的「黑船」敲開日本的大門時，日本還沉睡於中世紀的酣夢之中。面對國家民族迫在眉睫的恥辱和摧殘，她沒有留戀於中世紀的宗教和封建道德，反而全心全意地以全新的武器、商業工具、生產機器以及

組織方法，去裝備自己。在半個世紀的歷程中，日本不單成為世上其中一個實力最橫強的國家，還解決了一系列佛教或中國傳統哲學皆無法解答的重要難題。在胡適寫這篇文章的時候，日本共有科技研究院 90 所，全國的工程師學會有會員 3 萬名。

1933 年夏，胡適在芝加哥大學「哈斯可基金會」（Haskell Foundation）的第一場演講中，比較了中日兩國就現代化的不同對應。他指出，中國白白浪費了整整一個世紀，因循守舊、猶豫不決、改革混亂無序，以及災難性的革命戰爭和內訌。她向世界展示了一個最可悲的景象：一個曾經偉大的民族，如今卻無助地掙扎著要再次站起來，拚命摸索各種方法，尋求解決那無數由西方文明帶來的、迫在眉睫的複雜難題。胡適把日本有而中國無的三個成功因素歸納為：一、一個強有力的統治階級，以帶領推動改革和現代化；二、這個階級尊享特權，又接受過嚴格軍事訓練；三、日本有超過一千年政制發展的歷史，為改革提供一個堅實的重心。另一方面，在同一時期，中國卻由一個接一個專制皇帝掌權，把改革和現代化的嘗試一一粉碎；當年最新近的例子，正是 1898 年的「百日維新」被慈禧太后一手推翻。

「新月書店」和人權

回國後，胡適判斷留在北平實在太危險，而他的不少朋友亦已經離開這座城市。由於胡曾頌揚俄國革命，有人指責他是個共產主義者。為保安全，他於 1927 年秋與家人搬到上海公共租界，在極

司非爾路（Jessfield Road，今名萬航渡路）租下一幢樓高三層的西式洋房，靠近蔡元培的住處。安頓下來後，胡適開始在私辦的「光華大學」教授哲學；1928 年 4 月，他獲委任為 22 年前的母校——中國公學的校長；此外，他又在大學講課、結集發表著作，所得的課酬和版稅，足令他一家過著優渥的生活。在滬上居住的三年間，胡適的工作日程依舊排得滿滿的，他寫了第二卷中國思想史中的七章、有關佛學的研究、為古典小說作序及進行考證等等。他又開始寫一系列有關家庭和早年生活的文章，後來收入《四十自述》一書。1927 年 6 月，胡適擔任「中華教育文化基金」的中國籍董事。那是一個旨在處理庚子賠款返還，促進中國文教事業的非政府機構。在往後的日子裡，胡適還將在此基金會發揮重要作用。

像胡適般也從北平搬遷到上海的，還有「新月社」的其他成員，包括徐志摩。1927 年，該社在上海環龍路開設「新月書店」，由胡適擔任書店董事長。1928 年 3 月，他們創辦《新月》月刊，發表現代詩歌以及諸如巴金、丁玲、郁達夫等主要作家的文章，題材覆蓋文學和文化，也有涉及人權問題的。1931 年 11 月 19 日，徐志摩從南京乘航機飛往北平，不幸於山東省泰安市墜機身故，時年方 34 歲。胡適難過之餘，賦詩一首，以悼亡友。爾後，《新月》堅持出版至 1933 年 6 月才停刊，從創刊至此共 43 期。

1927 年 12 月 1 日，胡適參加了當年全中國最重要的婚禮——蔣介石與宋美齡的婚禮。私人婚禮採用基督教儀式，早上在宋家位於

上海公共租界的西摩路（今靜安區陝西北路）宅第舉行。到下午，一雙新人前往「大華飯店」出席正式酒會，赴會的有逾千名嘉賓，包括國民黨高層和社會名流。胡適獲邀出席，顯示了他這位全國知名的學者在官場圈子的地位。當時，蔣介石是全中國權力最大的人物，蔣胡二人在酒會上並無交談，但他們很快就會經常見面。

1930 年，胡適寫了一封公開信，批評國民黨提出的法案賦予自身過大權力，任意裁定誰是「反革命」，罪重者甚至可判死。胡適把自己和友人有關人權的文章結集成書，名為《人權論集》，由新月社於 1930 年出版。這些批評換來威嚇和脅逼，在那種教人窒息的氛圍下，胡適漸萌去意，最後於 1930 年 5 月辭去中國公學校長的職務；那也是保證該校獲官方認可的唯一方法。在當年一篇題為〈介紹我自己的思想〉的文章中，胡適表達了他回國後 13 年來的絕望：「我們必須承認我們自己百事不如人，不但物質機械上不如人、不但政治制度不如人，並且道德不如人、文學不如人、音樂不如人、藝術不如人、身體不如人。」

翻譯莎士比亞

1930 年 7 月，前述的中華教育文化基金董事會，設立了一個由 13 人組成的「編譯委員會」，聘任胡適為主任委員。編譯委分成兩股：一為歷史與文學，二為自然科學，把西方文學和科學研究成果翻譯成中文。這份工作對胡適而言最適合不過，最能發揮他的想像力，而也正是這一點，成為胡適留在中國的絕佳理由。

編譯委員會其中一項成果，是梁實秋教授的大作。1931 年時，梁是國立青島大學英文系系主任。編譯委正式向梁實秋提出翻譯《莎士比亞全集》的計劃，梁答應了。這項浩大工程足足花了37 年完成，一共譯了 40 卷、300 萬字，到梁於 1968 年擱筆時，他早已安頓於台北。他在 1963 年的一篇文章中透露，翻譯莎士比亞的主意，最先是由主委胡適提出，而且他的計劃很宏大，譯莎士比亞僅為其一。其他由委員會完成翻譯的著作，包括培根（Francis Bacon）的《新工具論》（*Novum Organum*）、笛卡兒（Rene Descartes）的《談談方法》（*Discours sur la Methode*）等哲學書，以及大仲馬（Alexandre Dumas）、康拉德（Joseph Conrad）、哈代（Thomas Hardy）等人的文學著作。委員會的工作慢慢擴展，直至中日戰爭爆發，才戛然停頓。1936 年，商務印書館出版了梁實秋的首七部譯作，包括《哈姆雷特》（*Hamlet*）、《馬克白》（*Macbeth*）、《李爾王》（*King Lear*）及《奧塞羅》（*Othello*）。他的翻譯工作先是被中日戰爭打亂，繼而是國共內戰和通脹狂飆，到梁實秋避走台灣時，所有參考材料都沒能帶在身上，只好抵台安頓後，一點一滴從無到有地重建資料庫。梁實秋在後來的回顧中，表達了對胡適的深切仰慕和感謝，認為若沒有胡的熱情推動，他根本不會開始翻譯莎士比亞；胡適本身不是研究莎翁的學者，但能體認到翻譯莎翁著作的重要性，且負責地、謹慎地親自策劃整個計劃。這些涵蓋許多科學和文學的著作，是胡適留給中國的遺產。

回到北大

國共分歧加上日軍侵華，令中國內外交困，局勢越來越危險。胡適收到不少來自美國各著名大學的邀請，要禮聘他去任教，薪資最高的有十倍於北大。離開中國，移居太平洋彼岸，過和平寧靜的生活，想想都很誘人；留在國內，他最喜歡的地方還是北大。1930 年，胡適收到老朋友蔣夢麟的邀請，約他重訪北大。蔣於1908 年赴美留學，在美國生活了九年，像胡適一樣，在杜威教授的指導下，取得哥倫比亞大學哲學博士學位。蔣夢麟在 1919 至1927 年間多次代理北大校長；1928 至 1930 年間擔任國民政府教育部長，同年辭任後回到北大，接掌校長一職，又邀請胡適擔任文學院院長。隨著國民政府定都南京，北平回復安定平靜，胡適和他家人可放心移居。1930 年 11 月 26 日，胡舉家離開上海，乘火車抵達北平，在下米糧庫 4 號租了一處宅院安頓下來。12 月 17日，胡適的友人暢聚下米糧庫，歡迎他回歸。

在一封於 1931 年 3 月 25 日寫給韋蓮司的信中，胡適解釋了他為什麼不去美國——他深知韋很想他去：「我覺得，首先，此刻我在海外很受歡迎而在自己國家卻不然，如果我這時離開中國，活像一個逃兵；其次，我去年 3 月已開始寫我那（中國）哲學史的第二、第三卷……我已搬回北平住，我的兩個私人書庫六年來首次合而為一。」

另一個留下的原因，是作為政府研究機構的中央研究院已於 1928

年 6 月成立，由蔡元培擔任院長。研究院仿效歐洲同類的官辦研究機構，宗旨是推動研究，具體任務為組織學術研究、出版研究刊物、推廣研究成果。研究院不設授課，僅透過頒發獎助學金，引導研究方向，下設工程、化學和物理研究室。蔡元培身兼中華教育文化基金主席和中研院院長兩職。中研院正是胡適艷羨並欲參與其中的那種機構。這盼想終於 1958 年如願——從那年起直到 1962 年去世止，他一直擔任中研院院長。

本章資料來源

中華教育文化基金會官網

北京大學官網

有關英國如何處理 1901 年庚子賠款英國得款部份的文件，1930 年 9 月 19 日－ 11 月 14 日，英國皇家文書出版局。

江勇振：《舍我其誰：胡適》第二部（1917-1927），聯經出版，台北，2011 年。

周質平（編）：《胡適英文文存》（詳見第四章末）

唐德剛：《胡適口述自傳》（詳見第一章）

陳毓賢、周質平：*A Pragmatist and His Free Spirit*（詳見第一章末）

梁實秋：〈關於莎士比亞的翻譯〉，*Renditions*（譯叢），1974 年秋。

第六章 「一旦世界大戰爆發，中日兩國均將滅亡」

1931 年 9 月 19 日凌晨，日本關東軍炮轟中國駐守東北瀋陽市的部隊。500 名訓練有素、裝備精良的日軍，面對 7,000 名訓練和裝備都遠遠不如的中國守軍，用不了 24 小時就把瀋陽拿下，代價只是折損了兩名士兵的性命，對手則有 500 人陣亡。那一天，揭開了日軍佔領中國東北三省的序幕，到關東軍完成整個任務，是五個月之後的事——儘管其時中日兩方的兵力是三比一。在 1,600 公里以外的南京，成立僅三年的國民政府，沒有足夠的軍事物資、火力、飛機以抵禦日軍侵襲，眼巴巴看著己方兵敗如山倒，卻一籌莫展。

和所有其他人中國人一樣，胡適一邊聽著來自東北前線的消息，心裡一邊響起警號；和大部份中國人不一樣，他深知日本的軍事和工業實力，遠在自己國家之上，也知道國家民族處境之水深火熱，是前所未見的。西方帝國強權要的，是為它們的商家在中國謀求經濟利益和優惠傾斜，但無意佔領這個國家；但吞併中國，卻是一些侵華日軍將領們的心願。形勢發展如此，改變了胡適一貫「遠離政府、遠離政治」的態度。1931 年，他接受邀請，加入全國經濟委員會當顧問。委員會於 1931 年 4 月成立，任務是在經濟大蕭條餘波未了之際，全盤掌舵國家經濟的治理。胡適獲邀加入，是總統蔣介石親自拍板，由財政部長宋子文轉達。宋是蔣介石的大舅，和胡適一樣畢業於哥大。胡過去經常批評國民黨政府，但考慮到國難當前，有一個強勢的中央政府主持大局，儘管專制，仍不失為最佳安排。1932 年 11 月的一天，胡適在武漢大學講完課後，與蔣介石和宋美齡共進晚餐，這是胡首次和蔣氏夫婦

私下相處。他向蔣表達了自己對時局的擔憂，又不忘提醒對方，中國的教育需要更多經費。

1933 年 3 月 13 日，胡適在河北省的保定市再遇蔣介石，這時，關東軍正盤踞保定以北的熱河省。當晚，胡適在日記中寫下了蔣介石驚嘆於日本人佔領熱河之快、他們情報工作之好。蔣說：「我每日有情報，知道日本沒有動員，故料日本所傳攻熱河不過是虛聲嚇人而已。不料日本知道湯玉麟、張學良的軍隊比我們知道的多得多。」被問到中國能否抵禦日本進犯時，蔣說那要有三個月的準備；三個月之後呢？到那時中國能攻擊他們嗎？「近代式的戰爭是不可能的，只能在幾處地方用精兵死守，不許一個生存而退卻。這樣子也許可以叫世界人知道我們不是怕死的。」蔣說日方已拒絕就歸還東北三省的交換條件談判，並堅持保留他們新近扶植的「滿洲國」。對比一下兩方的軍力，當知蔣介石的判斷準確：日本皇軍有兵員 448 萬、軍機 2,700 架、海軍艦艇共 190 萬噸；中國則有兵員 170 萬、軍機 300 架、艦艇 4.65 萬噸。蔣介石曾於1907 年入讀東京「振武學校」[1]，比任何人更清楚敵軍的實力。蔣畢業後，被派遣到日本陸軍，以士官候補生的身份服役，雖然為時不長（1910~1911 年），但對蔣的影響卻不小：他欣賞軍中生活紀律嚴明，對學生的體能和服從要求甚高，能培育學生的意志和堅韌；他甚至欣賞他們洗冷水澡、吃冷食的習慣。終其餘生，蔣都保留不少在振武時期養成的習慣，例如嚴守生活規律、每天 5時起床、慣吃清茶淡飯等。

正是看到中國在軍力上的不堪，國民政府於 1933 年 5 月 31 日在天津塘沽與日軍代表簽訂《塘沽協定》，以在長城以南 100 公里的平津地區劃出一個非軍事區，雙方部隊均須撤出。《協定》的簽訂及落實，暫時避免了雙方的直接衝突，容讓蔣介石積蓄力量。這次「停火」期間，日軍十數架戰機排成陣式，劃過北平上空，戰機的轟鳴聲向城中市民、包括在書房的胡適「先打個招呼」：日本皇軍已經兵臨城下。蔣胡的會晤，反映了蔣對胡的敬重，以及他看到在未來的衝突中，胡或許可以扮演某種角色。蔣介石心中的盤算可概括為「攘外必先安內」，即他認為以國軍的實力，可先收拾共產黨，然後才面對日軍。

與蔣介石在保定的晤談，對胡適影響極大：中國軍隊的統帥告訴自己，中國現有實力不足以對抗日本。有別的路走嗎？蔣相信一個選擇，是與日本人談判，為中國爭取更多時間以作軍事部署；另一個選擇，是說服唯一有軍事實力擊敗日本的英國和美國，以開戰相要挾，令其知難而退。胡適在 1938 年 8 月寫給韋蓮司的一封信中說，他 1935 至 1936 年提出了代表政府擔任駐日大使，「然而，由於『在野』已久，我的認真話竟被視作戲言，表示一下姿態而已。也許朝裡有人不願我擔此職位。」若胡適果真擔任此職，那將是他為兩國談出個和約的最好機會。

在另一封於 1935 年 6 月 27 日寫給友人王世傑的信中，胡適準確地預測了接下來十年將會發生的事：「在不很遠的將來也許有一個太平洋大戰，我們也許翻身。但我們必須有準備三四年的苦戰。

我們必須咬定牙根，認定在這三年之中我們不能期望他國加入戰爭。我們只能期望在我們打得稀爛而敵人也打得疲於奔命的時候，才可以有國際參加與援助。」後來發生的事，恰如胡適信中說的：中國有四年半的時間獨自對日作戰，承受毀滅性的軍民人命損失，直至 1941 年 12 月美國介入為止。正是為了促成美國介入，蔣介石於 1938 年秋派遣胡適出任駐美大使。1935 年，蔣通過駐東京大使向日本政府發聲明：「中日戰爭注定是一場世界大戰，而一旦世界大戰爆發，中日兩國均將滅亡。」他說，兩國合則兩利，分則兩害。事情發展的結果，證明他的預測完全正確。

在那慘痛的歲月裡，胡適繼續他的出版傳播事業。1932 年 1 月，他向北京的十多位友人發起，創辦一份評論性周刊，結果共有十人響應，每人出資若干。胡適說：「我們把這刊物叫做《獨立評論》，因為我們都希望永遠保持一點獨立的精神。不倚傍任何黨派，不迷信任何成見，用負責的言論發表各人思考的結果：這是獨立的精神。」《獨立評論》創刊號於 1932 年 5 月面世，胡適任編輯，發表由創刊成員及其他人撰寫的政評、時評，最高峰時流通量達 1.3 萬份。在那個社會氣氛高度緊張的危險時期，報刊很難堅持真正的獨立性。國家一方面正面對日本的侵略，同時又處於國共兩黨你死我活的內戰之中，三股力量都要爭奪對新聞報導和敘事的控制權。編輯《獨立評論》，使胡適原已繁重的工作量百上加斤。周刊的截稿日是星期一，他在 1934 年 4 月 9 日的日記上有這幾句：「近幾個月來，《獨立》全是我一個人負責，每星期一總是終日為《獨立》工作，夜間總是寫文字到次晨 3 點鐘。冬秀常常

怪我，勸我早日停刊。我對她說：『我們到這個時候，每星期犧牲一天作國家的事，算得什麼？不過盡一分心力，使良心好過一點而已。』」在它存續的五年裡，《獨立評論》共出版了 244 期，發表文章超過 1,300 篇，其中逾半屬於社外供稿。日軍佔領北平後，《獨立評論》被迫於 1937 年 7 月停刊。

「半部博士」

自胡適 1917 年開始任教北大，中國的教育已大有擴展。1922 年，中國引入新的學校系統；到了 1931 年，共有超過 70 所大學，這數字在 1921 年時才 13 所。不過，儘管 1928 年北伐成功，國家歸於統一，北大的財政卻已岌岌可危；教授們薪資微薄，圖書和學校設施不敷應用。1930 年 12 月，胡適的哥倫比亞大學好友蔣夢麟辭去政府教育部長一職，接任北大校長。蔣走馬上任，即進行大刀闊斧的改革。他首設校務委員會，作為大學的主要決策機關，又設行政及教務委員會。1932 年 6 月，他設立文、理、法三個學院，並由胡適擔任文學院院長。每個學院設 14 個學系，文學院下設哲學、歷史、中國文學、外國語、教育等。胡適的院長職責，除行政管理外，還包括教學。1931 至 1937 年間，他配合蔣夢麟，打造一所他一直夢寐以求的世界級大學。到 1935 年，北大所開辦的課程已有 288 個。

這樣的全面改革，很大程度多虧北大與中華教育文化基金會於 1931 年簽訂的一項協議。根據協議，基金會將在 1931 至 1935 年

期間，向北大提供共 200 萬銀元。胡適是基金會的其中一位董事，這筆資金成為推進教學和研究的關鍵因素。1935 年，北大開設一所新的圖書館，可容納藏書 30 萬冊，供 500 人同時使用。圖書館禮聘知名學者，邀請外國教授到館講課。到 1935 年，北大已有超過 40 所研究實驗室、6,716 件研究設備，使它成為全國設備最完善的學府。胡適是一位明星講師，他的課每每吸引二、三百名學生來聽；在校外，聽他演說的人數目更多。由於他敢於公開月旦政府的作為，年輕人視他為一位英雄，有人形容這種現象為「胡適崇拜」。1935 年 1 月，胡適到了廣州，廣東省政府禁止他做演講，但他拜訪「廣雅書院」舊址時，卻有七、八百名中學生簇擁及追隨他。

在北京，胡適每天的日程相當磨人：早上 7 時起床，7 時 40 分離家到北大上課；中午回家午飯，然後午睡一小時；下午 1 時 40 分前往中華教育文化基金會辦事處，到傍晚 6 時離開，在外晚飯、與朋友相聚，到深夜 11 時才返回家中，然後走進書房，埋首寫字桌三個小時，直到凌晨 2 時方就寢。換言之，他每天睡眠僅五個小時。胡適和妻子江冬秀的日程，幾乎沒有重疊的部份。上午，江打理家務，下午 2 時到朋友家中打麻將，到晚上 10 時方乘車返家，天天如是——除了星期天。每個星期天上午都是胡宅的「開放日」，誰願意來訪，胡適都無任歡迎，欣然接待；到了下午，他便回到書房，閉門謝客；晚上，他也會到外面用膳。胡適一天裡最愜意的時光，就是傍晚和友人進餐共度的五個小時。他是一個很能社交的人，也珍惜當中的友誼。胡適的妻子經常這樣評價胡

1932 年 1 月，胡適到上海參加中華教育文化基金會的會議，下榻禮查飯店，遇上他的朋友美國藝術家賀福曼夫人，後者為他塑像。

逗留時間最長的書房：「適之造的房子，給活人住的地方少，給死人住的地方多。這些書都是死人遺留下來的東西。」

位於下米糧庫四號的胡宅，是北京城最舒適的府第之一，園地十分開闊，種了 95 棵松樹。房子有三層，包括胡適的書房和一個

大型書庫，他甚至曾經以此作為跳舞廳。兩個孩子各有自己的房間，樓上還有兩間衛生間。家傭們住在三樓，包括管家陽女士、廚子、兩名清潔工、一位侍婢和一位司機。1930 年時，胡適代步用的，是一輛機器十分吵耳的二手車，後來到 1933 年，他終於花了 1,090 美元，從美國訂購了一輛「福特」牌豪華型都鐸風格（Tudor）轎車，在年底 12 月 29 日運到。在當年的中國，汽車是個新鮮事物，1937 年馬路上僅有約 2,000 輛車在跑。胡適收入豐厚，才負擔得起這種生活方式：他住的房子每月租金 80 銀元（當時約合 18.1 美元），而他每月從北大領到的薪金是 500 銀元；此外，他出版著作眾多，可從中抽取 15% 版稅，加上替期刊、雜誌寫文章所得的稿費等，工資約等於翻倍，即每月合共約 1,000 銀元。

胡適的一位同事溫源寧，把胡適那宅第的氛圍描述了一番。溫畢業於英國劍橋大學國王學院（King's College），取得法律學位，然後到北大教授英國語文和文學。溫寫道：「適之為人好交，又善盡主誼。近來他米糧庫的住宅，在星期日早上，總算公開的了。無論誰，學生、共產青年、安福餘孽，同鄉客商，強盜乞丐都進得去，也都可滿意歸來。窮窘者，他肯解囊相助；狂狷者，他肯當面教訓；求差者，他肯修書介紹；向學者，他肯指導門徑；無聊不自量者，他也能隨口談談幾句俗話。到了夜闌人靜時，才執筆做他的考證或寫他的日記。但是因此，他遂善做上卷書。」溫說，由於胡適性格隨和，接受了太多約稿，使他成為最佳的「上卷書作者」。胡的不少友人也有相同的批評，說他把時間分得太碎、興趣也太廣泛，換來「半部博士」的綽號。胡適的興趣涵蓋中西文

學、哲學、政治、佛學，以及世界時務，他先後完成了《中國哲學史》和《白話文學史》的第一卷，但從未完成第二、第三卷。溫源寧說：「……第一，他的興趣太廣了……使他不能專心。第二，他對於著作是極其慎重的，不肯輕易發表。」

1931 年，哲學史家馮友蘭出版了《中國哲學史》上冊，後於 1934 年完成下冊，兩書合共 1,041 頁。上冊始自中國哲學的起源，下冊至共和時期為止。較胡適年輕四歲的馮友蘭，同樣以庚子賠款生的身份到美國留學，1923 年取得哥大哲學博士學位；一如胡適，馮受業於杜威教授門下，二人均以西方批判性思維治學。回國後，馮先後在中國幾所主要大學任教哲學，1934 至 1938 年間擔任清華大學哲學系系主任。他的兩卷中國哲學史，成為當時人們進入此領域的標準範本，蓋過了胡適相關著作的光芒。胡適並未因此停步，而是繼續探索，並撰寫文章——但不是續寫他那「上卷」的中卷、下卷。馮是個選定研究方向便矢志不渝的學者，結果成為相關領域的全國權威。胡適固然也具備同樣的能力，但他選擇走別樣的學術道路。

而溫源寧也成為了出色的作家、教授、外交官。他 1946 至 1968 年擔任台灣駐希臘大使，回台後在台灣大學及其他院校講課。

學生的憤怒及共產主義運動

日本佔領東北三省，激起全中國學生的怒火和抗議。1931 年 12

月，逾 200 名北大學生開赴南京，要求政府與日本斷交。12 月 15 日，成千上萬學生衝擊國民政府外交部大樓，用棍棒毆打代表政府前來調停的官員，致其受傷流血，包括前北大校長蔡元培。

雖然胡適與反日學生同感憤慨，但他不同意學生的激烈表達方式，也反對學生離開教室、走上街頭。胡適遠較學生清楚，中日兩國在軍事和工業上的實力是何等懸殊。衝擊政府設施、毆打大學教授，絕非應對外來威脅的正途。

1932 年以後，胡適和學生的矛盾開始惡化，不少激進學生呼籲與日本一戰。1935 年 12 月，北平的中國共產黨在當地學生當中策動了一場反日運動，其中一個目的，是先結束國軍對共產黨的軍事行動。共產黨位於延安的根據地人數約三萬人，當時已被政府軍重重包圍，並逐步收緊包圍圈。若中國要認真投入抗日戰爭，就必須放棄圍剿共產黨，騰出兵力。因此，共產黨在北平策動學生罷課，要求國軍停止內戰，積極抗日。12 月 9 日，學生舉行示威遊行，北平軍警封鎖城門，在寒冬臘月的冰冷氣候裡，用水砲射向學生。一周後，示威遊行的規模增加至三萬人；與此同時，南京和其他城市也出現數以千人的示威。一些學生以胡適支持簽訂《塘沽協定》為由，對他大加撻伐，胡甚至收到一封恐嚇信，日期為 12 月 10 日，下款寫著「將來殺你的人啟」。在當時那可怖的社會氣氛下，那是個不容輕視的威嚇。對於有不少學生受謠言唆擺，胡適感到憤怒，他在公開場合為自己辯護，同時也收到不少學生寫信支持。

儘管社會上抗日情緒氣勢洶洶，胡適仍與一些日本學者維持著友誼。他知道關東軍的黷武主義，僅代表日本社會民眾的一部份，其餘還有不少反戰的日本人。一幅攝於 1934 年 6 月的照片，記錄著胡適與日本權威佛學家鈴木大拙會面的情況。鈴木特別精通禪宗，於 1933 年完成把《楞伽經》翻譯成英文，是大乘佛教的重要經籍，中國和日本禪宗都廣泛採用。鈴木大拙於 1963 年獲提名諾貝爾文學獎。胡適與鈴木後來攜手合作超過 30 年，共同發掘、整理禪宗早期發展時的原始資料，胡適在這個課題上著作甚豐。

1935 年 1 月，香港大學邀請胡適到香港，向他頒授榮譽博士學位。這是他一生獲頒 35 個榮譽學位中的頭一個，數目之多，華人無出其右。

圓滿的愛

1933 年 7 月到 9 月夏天，胡適在加拿大和美國度過，這是他六年來第一次到訪北美。他行程緊密，包括在加拿大班夫（Banff）出席「太平洋國際學會」一個為期五天的會議，以及於 7 月 12 至 24 日在芝加哥大學以〈中國的文化趨勢〉為題，發表六場「哈斯可講座」（Haskell Lectures）。巧的是，當年世界博覽會正在芝加哥舉行，有一張照片顯示博覽會「中華會館」的負責人正在現場歡迎胡適的蒞臨。9 月底，他在紐約州波基浦西市（Poughkeepsie）的瓦薩學院（Vassar College）發表了一場演說。該學院是胡適的女性朋友陳衡哲的母校，為了胡的演說，她特地返回母校作陪。禮堂座位不

1935 年，應邀到香港大學接受榮譽博士學位後，與負責人留影。

少，仍座無虛設。一般而言，胡所到之處，均一位難求。例如他返國途中，經過夏威夷的檀香山，僅逗留半天，在夏威夷大學以〈人生哲學〉為題作了一場演說。再一次，慕名而來的聽眾擠滿了禮堂不止，好些還要站到窗外。此行胡適還去了紐約，會晤中外

友人，包括他的恩師杜威教授。胡適在 9 月 15 日寫的一封信中，形容教授身體壯健，精神抖擻；富人情味，怡然自得。胡適的緊密日程，足見他在美國聲譽之隆，雖闊別六載，其風頭未曾稍減。它也告訴我們，儘管胡適在北京忙得不可開交，他仍能與他在北美的廣泛人際網絡保持聯繫，是當時美國知名度最高的中國人。

這次訪美，胡適迎來了另一個生命中的里程碑——他和韋蓮司之間 20 年的友誼終於結成愛的果實。當年，胡適 42 歲，韋蓮司 48 歲。韋的母親已於前一年的 4 月離世，留給女兒紐約州伊薩卡市一座寬敞的家族大宅。母親既去，韋成了大宅的主人，為維持大宅，她接受租客。訪問北美期間，胡適兩度前往伊薩卡，一次是 8 月時停留兩週，另一次是短暫的 24 小時。筆者十分感謝普林斯頓大學東亞研究系周質平教授為本節提供的資料。1997 年時，正於北大圖書館進行研究的周教授，問圖書館的人有否收藏胡、韋二人交往 40 年來韋蓮司寫給胡適的信函。圖書館職員給了他一沓信，當中包括 1933 年所寫的。經歷了 1950 年代的反胡運動，幸好信函是用英文書寫，且絕少人認識到當中的意義，以致這些信件仍得以安然躺在圖書館。另一方面，胡適這段期間寫給韋蓮司的信，她重新複打了一份，有些內容隱去了，有些她自己進行了概括。作為一位害羞而謙虛的人，她不想外間知道她與一名有婦之夫的私情，更不想因此對胡妻造成傷害。我們從她的信函感受到 1933 年胡適兩次往訪伊薩卡期間，二人那種熱情的烈度。周質平教授與陳毓賢於 2019 年出版了 *A Pragmatist and His Free Spirit, the half-century romance of Hu Shi and Edith Clifford Williams*（一位務實

主義者與他的自由魂：胡適與韋蓮司半世紀羅曼史〉，這部佳作是本傳記其中一個重要的資料來源，筆者謹此鳴謝。

自胡適於 1917 年返回中國後，雲英未嫁的韋蓮司一直住在伊薩卡家中，在康大圖書館工作，同時照顧雙親及其他家人。在那 16 年間，即使胡適已為人夫，且公私兩忙，但胡韋二人仍鴻雁不斷。隨著母親撒手人間，韋蓮司在家中便隨心所欲地生活著；也許亦因為二人感到時光流逝，加上戰雲籠罩中國，今朝別後，何日方能再會？韋蓮司於 9 月 13 日寫給胡適的信中這樣說：「我倆之間的這件大事，看來比你我都大得多，猶如太陽般摸不著卻炙熱如火，在它面前，動機、理由都變得渺小如無物。我想念你的肉身，但我更要命地想念你的整個存在，想念那個我整個靈魂都投進去的你。你在我心中是怎樣的，總在塑造我在你心中的模樣。」9 月 22 日又寫道：「從未相遇，會否勝於相識相分？終我一生，我苦苦踐行寧完全放棄，不強留那一點點。我們何不抓住這可能的一天，簡單地，算是一份天賜的禮物，享受那數小時的相伴，為我倆本就不多的回憶添加一點片段？」9 月 26 日的信有：「胡適，我愛你！……我是如此的卑微，你應該愛我——但，有時，你的愛包圍著我的思想，就如被陽光照射的空氣……假使有機會讓我倆完全地生活在一起，你能想像我倆不會像兩股涓涓支流，尋找著同一個河谷而終於匯合嗎？」9 月 27 日又寫道：「就如矜持的外衣已經滑到地板——現在我的裡裡外外都已經展露在你面前了，胡適！你會寧願要那幻想中的女士嗎？她可能曾是件精緻的寶物，但如今擺在你面前的是我——平胸、不擅家務；懵懵懂懂、

腦子不靈；曾經撫摸過你的身體你的眼睛的那個女子。我不敢相信你竟會愛上如此可憐的貨色，可是，你的愛仍然完全地包裹著我。」當胡適橫越美國到西岸，乘船返國後，伊薩卡的房子頓時變得空蕩蕩。「孤單悄悄走近，使勁搖動雙肩」，韋蓮司在 10 月 1 日的信中寫道，「你回去後，別來信……我知道你有做不完的工作，不能自拔。筆有千斤重，輕易搖不動。你已經付出那麼多！我不能再有所求了。」理性的她告訴自己，由於胡適不會離棄他的妻子，也不會放棄在中國的事業，他倆注定只能是鴛鴦而無緣結成夫婦。可是，在二人共處的兩個星期裡，讓她有機會一瞥，若他倆果真成婚，將會是怎樣一回事——等待著她的，將會是無盡的熱戀，夾雜著無盡的痛苦。由於她整理過胡適的信函，又刪去若干段落，我們無法確定胡給她寫的信可有如她那般濃烈的情感。胡適於 1962 年辭世後，她把那些信都贈予台北南港的胡適紀念館。

惡夢開始

自 1931 年爆發「九一八事變」，東北三省落入日軍之手以來，不時有中國軍人主張積極抗日。1936 年 12 月 12 日，奉系軍閥張作霖之子、時任東北軍將領的張學良，與西北軍將領楊虎城各自率領部隊，闖入西安城外蔣介石的行營，意圖進行兵諫。張、楊的部屬在凌晨時分開始行動，蔣的守衛以武力阻攔，雙方激戰，守衛死傷過半。慌亂之中，蔣介石來不及更衣，便在隨扈的掩護下，越過營房後牆，黑夜中覓路上山，尋得山洞藏身。未幾，張學良的部隊發現了蔣，把他押下。張、楊向蔣提出八點要求，其

中最重要的是停止內戰、一致抗日。經過兩週的緊張談判，蔣介石終在同年聖誕日乘座機飛返南京，在機場受到號稱40萬的群眾熱烈歡迎。經過這次行動，共產黨成功解除了國民黨軍對他們的包圍。為表示自己仍然效忠，張學良選擇與蔣介石同機，然而飛機一降落，他隨即被逮捕，自此以至國民黨敗走台灣之後，他一直被軟禁長達53年之久，成為世界上失去自由時間最長的政治犯。是次兵諫，史稱「西安事變」。對日本人來說，這樣的發展是個壞消息，因為它希望中國分裂，這樣，內戰其中一方便有可能和它合作。事已至此，日軍將領遂加速落實他們的作戰計劃。行動加快的另一個原因，是歐洲國家面對納粹德國的威脅，自顧不暇，美、英或者其他西方國家都沒有任何支援中國的表示，更遑論行動，令日本佔盡海、陸、空方面的軍事優勢。胡適於1936年9月13日寫給韋蓮司的信中說：「我已竭盡所能避免戰爭爆發，但現在我相信，若你們的國家不積極介入太平洋的國際事務，我非常懷疑和平還有沒有哪怕是一丁點的希望。」他對戰事發展的想法是：「和比戰難」。

自1933年5月《塘沽協定》以來一直維持著的停火狀態，終在1937年7月7日被打破，時刻威脅著每一個中國人的噩夢終於成真。當天，日軍在北平西南16公里的宛平城附近進行軍事演習，藉口有日兵失蹤，強行要求越界搜尋，遭中方拒絕後，隨即發動攻擊，雙方展開激戰。這起「盧溝橋事變」，是日本對華發動全面侵略戰的開始，也是第二次世界大戰的開始。這一天，胡適正在南京出席一個教育會議，得知北方戰事打響，他非常沮喪，這表

示一切與日方談判議和的努力都歸於失敗。中國別無選擇，唯有全面抗戰，他接受這個事實，並必須在抗戰中扮演應有的角色。

戰爭爆發後一週，蔣介石在江西省的廬山召開會議，邀請社會各界領袖共商國事，胡適和其他大學的首長也在被邀之列。蔣介石知道這場戰爭將會曠日持久，對國家造成破壞，因此希望鋪陳一套全國性戰略，並動員人民支持。那確是一個歷史性時刻。回望中國數千年歷史，從未面對過像日本皇軍這樣具破壞力的軍隊。出席會議的人都心中有數，在座的人中，可能有相當一部份不能活過這場戰爭。7 月 17 日，蔣介石發表以「臨到最後關頭」為主題的演說，史稱《廬山聲明》。演說那末日文告的語調，恰與國家面臨的處境相匹配：

「此事發展結果，不僅是中國存亡的問題，而將是世界人類禍福之所繫。……中國民族本是酷愛和平，國民政府的外交政策，向來主張對內求自存，對外求共存。……近兩年來的對日外交，一秉此旨，向前努力，希望把過去各種軌外的亂態，統統納入外交的正軌，去謀正當解決。

「我們既是一個弱國，如果臨到最後關頭，便只有拚全民族的生命，以求國家生存；那時節再不容許我們中途妥協……我們只有犧牲到底，抗戰到底，只有『犧牲到底』的決心，才能博得最後的勝利。……但我們的態度只是應戰，而不是求戰；應戰，是應付最後關頭，必不得已的辦法。……如果戰端一開，那就是地

無分南北，年無分老幼，無論何人，皆有守土抗戰之責任，皆應抱定犧牲一切之決心。……希望各位回到各地，將此意轉達於社會，俾咸能明瞭局勢，效忠國家……」蔣介石所說的，準確地預言了接下來八年將發生的事。

會議上，坐在大禮堂前排的其中一位，是當時的行政院長汪精衛。一如蔣介石，汪很清楚中國的軍事實力遠不如日本，但他決定走一條截然不同的道路：1938 年 12 月，汪精衛先借道雲南昆明，飛到越南河內，展開與日本的談判。1940 年 3 月，汪在日本人的策劃下，在南京成立親日傀儡政權。

到了 7 月 20 日，駐紮在平津一帶的日軍已超過 18 萬。在日方的優勢火力和戰機攻擊下，國軍雖負隅頑抗，仍難逃戰敗厄運。7 月 29 日，北平失陷。在這之前，江冬秀已帶同幼子思杜離開北平，逃往上海法租界避難；跟隨他們的，還有胡適的 70 箱書、手稿和筆記。至於長子祖望，他正在內地上學，而胡適本人則在南京。到 9 月，在國民政府教育部的命令下，胡適在北大的同事和學生統統離開北平，前赴湖南省府長沙，在那裡與清華大學和南開大學聯合，組成「國立長沙臨時大學」。1937 年 12 月，日軍加強對長沙的轟炸，大學再次被迫轉移，1938 年 2 月，學院和教職工展開了 68 天的「長征」，橫跨湖南、貴州和雲南各省，最後到達雲南省府昆明，全程 1,600 公里，其中 1,300 公里徒步前進。自當年 4 月起，北大成為新的「國立西南聯合大學」的一員，一直維持至抗戰勝利。

蔣介石要求胡適到海外，遊說各國支援中國的抗日戰爭。起初，胡適不想去，他寧可留在南京，與友人和同事共同承受抗戰之苦，要是在同胞們跑到地下掩體逃避日機轟炸的同時，他卻身處北美享受安全和舒適，人家會怎樣看他？但蔣介石問他：我們應該放棄外交嗎？我們不應該要求民主國家向我們伸出援手嗎？答應蔣的請求，無疑最能發揮胡適的優勢。戰時出使，可以起的作用比留在鄉土大得多。他的辯才、國際聲譽、上流社會的人際網絡，在在令他比任何國人更能觸及廣泛的外國受眾。此外，不僅蔣介石知道，胡適自己也知道，僅憑單打獨鬥、沒有外援，中國是無法打贏這場仗的。最終他接受了蔣的提議，但條件是，他以非官方的個人身份前往，僅代表他本人發言。他不想受政府的命令或規範所掣肘。

譯註

1 振武學校是著名的日本「陸軍士官學校」的預科，專為從中國來的陸軍留學生而設。

本章資料來源

"The War of Resistance 1937-1945"，*Taiwan Review*（台灣評論），1987 年 7 月 1 日號。

Jonathan Spence：*The Search for Modern China*（尋找現代中國），W.W. Norton & Company，1990 年。

The Collected Wartime Messages of Generalissimo Chiang Kai-shek 1937-1945（蔣介石委員長戰時言論彙編 1937-1945），卷一，互聯網檔案館（http://archive.org）

王晴天：《胡適作品選集》，典藏閣，新北，2020 年。

北京大學出版社 2019 年 1 月 20 日的一篇文章：〈為什麼胡適的許多著作只有上半部？〉

北京大學官網

江勇振：《舍我其誰：胡適》第三部（1927-1932），聯經出版，台北，2011 年。

余英時：《重尋胡適歷程——胡適生平思想與再認識》，聯經出版，台北，2014 年。

胡適日記

耿雲志（編著）：《胡適及其友人 1904-1948》，香港商務印書館，1999 年。

第七章 拯救中國

Chapter Seven

胡適乘坐的飛機於 1937 年 9 月 8 日從南京起飛，26 日早上抵達美國三藩市。按原定計劃，這只是約兩個月的北美之行，他萬萬沒想到一年之後，他會成為中國駐美國大使，離開家園長達八年半之久。

起初，他不願意扛起這擔子，是因為他對出任官職感到渾身不自在。他此生迄今，一直是個自由和獨立的靈魂，所說所寫都隨心而發，無所顧慮。正是這種獨立性，他所寫的文字才有大家公認的力量，誰都知道他所說的，並不代表哪個政黨、哪個軍閥。再者，對於把家庭、朋友和同事留在危難下的中國，自己卻安處海外，胡適心感歉疚不安。日軍取得整個中國大陸的制空權，肆意轟炸南京、長沙、武漢和其他城市。胡適在 1937 年 9 月 25 日寫給韋蓮司的一封信中說：「我必須說，在同胞們無時無刻不在受苦的當下離開中國，到相對舒適且絕對安全的外國環境生活，決非我所願……我決定來，條件是不帶任何外交任務、不被要求做『宣傳』工作。我來這裡只是回答問題、澄清誤會，以及表達我自己的觀點。我的行程仍未確定。」

胡適的任務，是將美國人對中國的同情，轉化為實質的援助，特別是在軍事上和財務上。他本人是悲觀的，他對美國的認知以及和美國人相處的經驗告訴他，儘管同情中國人在戰爭中所遭受的可怕痛苦，但美國政府和人民不想捲入戰爭。中國距離他們的海岸線太遠，除個別在中國落腳的美國企業和數千公民外，戰事對他們的利益沒有直接威脅。故他相信，任他魅力過人、辯才無

礙，加上在美國精英階層有絕佳的人際網絡，要求美國出手相助，仍然是不可能的任務。美國國會從 1935 至 1937 連續三年通過法案，旨在確保國家不會捲入國外戰爭，反映了美國人普遍對第一次世界大戰後列強無法建立一個穩定的世界秩序感到失望。一戰後，美國參議院否決了加入國際聯盟（League of Nations）的議案，也沒有簽署《凡爾賽條約》。此外，美國分別於 1921 和 1924 年通過兩條法案，一方面限制了整體外來移民的數目，同時對不同國家設定移民配額，北歐和西歐從寬，使移民數字降低至一戰之前的不到 20%。大部份美國人都是歐洲移民的後代，當年為了逃避祖國的民族和宗教戰爭、貧窮和迫害而來，事到如今，美國人為什麼要回頭蹚這渾水？不少人認為美國是「上帝的國」（God's country），正正是因為祂指引他們逃離歐洲那黑暗的歷史。國會先後於 1935 和 1937 年通過《美國中立法》（*The Neutrality Acts*），禁止向戰爭中的交戰雙方出口武器和軍備，其中，1937 年的法案禁止美國人乘搭交戰國的船隻，同時禁止前往戰區的美國船隻搭載任何軍火。一項 1938 年的民意調查發現，70% 的美國人相信，當年捲入第一次世界大戰是一個錯誤決定。1938 年，美國國務院遠東事務處處長哈密頓（Maxwell Hamilton）告訴胡適：「這是關乎中國生死存亡的事。中國一定要為自己而戰，沒有任何人能幫上忙。」在如此冷峻的「忠告」下，胡適如何能説服美國國會和民眾，向這個和他們沒有任何歷史或種族關聯的國家伸出援手？

胡適於 1937 年 9 月 26 日抵達三藩市，下午即在大中華戲院舉行首場演講，題目是 *Make the Best Calculation, Work to the Uppermost*（算

盤要打最如意的算盤，努力要作最大的努力）。三天後，他在同城的「聯邦俱樂部」發表題為 *Can China Win the War?*（中國能贏嗎？）的演講。他說，正義在中國一邊，只有所有人聯成一線對抗日本的威脅，才能取得勝利。9 月 30 日，他在加利福尼亞大學作午餐演說，又在哥倫比亞廣播公司（CBS）發表一系列全國性廣播。

胡適在北美馬不停蹄，日程排得密密麻麻。從 1938 年 1 月 24 日到 3 月 16 日，他在 51 天時間裡一共進行了 56 場演講，其中 38 場在美國，18 場在加拿大，足跡遍及北美洲東西兩岸，從大學、公共機構到民間團體，聽眾包括國會議員、商界領袖、宗教社群、媒體、律師、學者以及一般公眾；他的聲譽和口才，加上戰爭引起的廣泛關注，都令演講座無虛席。美國主流媒體大幅報導中日衝突，一面倒同情中國：誰發動侵略、誰負隅頑抗，那是清楚不過的，日本軍機轟炸平民目標、在南京及各地姦淫殺戮，都引起美國民眾的義憤。所有這些，都是胡適演說受歡迎的因素之一。胡適很清楚，美國較諸世界大部份其他地方，民意在政府制定政策的過程中，尤其扮演重要角色。可是，考慮到經濟利益，美國卻偏向日本多於中國。論美國出口市場的規模，英國居首位，日本其次，中國僅排第七位；美日雙邊貿易總額是美中的兩倍有多，美國在中國的資本投放量十分有限。由於日本本身並無天然資源，其軍工產業嚴重依賴外國。1937 年，日本進口了 240 萬噸廢鐵，其中 178 萬噸來自美國，超過七成。美國也是日本最大的石油來源國，1939 年，從美國進口的石油，佔其進口總量的三分之二。這些經濟利益，都讓一些美國人希望國家遠離戰爭漩渦，讓

有利可圖的生意長做長有。美國是一個體量龐大、成分多元的國家，利益集團多樣而對立。一個中國人如何能勸說美國政府介入萬里以外的戰事，而與其無重大利益關係？

自胡適離開祖國後，國內的戰況不斷惡化，奪去了數以十萬計中國人的性命。1937 年「七七事變」後，國軍在 8 月 13 日於上海地區發動首次大型反擊，史稱「淞滬會戰」，是抗日戰爭中規模最大、最慘烈的一場，戰事打到 11 月下旬，中方陣亡 18.7 萬人、傷員 8.35 萬人；日方則損失 5.9 萬人。它也是第二次世界大戰其中一場最大型的戰役，甚至有人把上海比作「揚子江上的斯大林格勒」。最終，除公共租界和法租界以外，整個上海城區失陷。取得勝仗後，日本皇軍長驅西進，於 12 月 13 日拿下中國首都南京。日軍在史稱「南京大屠殺」的慘案中肆意屠殺人民、強姦婦女，根據「南京審判戰犯軍事法庭」1947 年的報告，被野蠻奪去性命的無辜南京民眾逾 30 萬人。

首都失陷後，國民政府決定把戰時首都設於大西南的重慶市，蔣介石帶同他的精銳部隊，以保存實力，徐圖後計。胡適在橫越美國從西岸向東岸進發途中，陸續聽到從祖國傳來駭人聽聞的消息，令他傷心欲絕。一幕一幕的悲劇加重了胡適肩上的擔子，非要勸服美國人向他那慘被蹂躪的祖國施加援手。1938 年 8 月末，他接到噩耗，摯友徐新六於同月 24 日乘搭民航客機從香港飛往重慶途中，遭日軍飛機擊落，才 48 歲就英年即逝。徐在英國和法國完成學業，於 1914 年返國，先後在政府和私人銀行的經濟部門擔

任高職，又在北京大學經濟學系授課。假使胡適留在中國，他或許也會坐上同一班機。胡適在 1938 年 8 月 25 日寫給韋蓮司的一封信中說，徐新六「是我最要好的朋友。他是中國最有學識的銀行家，是我在任何地方能找到最值得尊敬的好人……我難過極了。」

胡適最可指望的人，是 1933 年上任的美國總統富蘭克林·羅斯福（Franklin Roosevelt）。羅斯福反對《美國中立法》，因為他支持中國抗戰，而該法束縛他援助友好國家的自由。1937 年 10 月 5 日，他在芝加哥的一場演說中提出，應對「無法無天」的國家施行經濟制裁。他在華盛頓與胡適會面，陪同的有時任駐美大使王正廷。羅斯福問胡適，中國軍隊能否熬過冬天，胡答說：「中國需要美國的支持，我想總統閣下很快會以明快的眼光判斷是非！」但羅斯福被保持中立的國策綁手綁腳，當二人告別時，羅只能懇切地握著胡的手，展示誠意。接下來四年的事態發展，證明二人之間的緊密關係，將起關鍵的歷史作用。從 1937 年下半年起，日本軍機開始濫炸中國各大城市的平民區，包括美國人聚居地，這暴舉激怒了美國。1938 年 7 月 1 日，美國國務院通知美國飛機製造商，政府強烈反對向日本出售飛機和導航設備。

12 月 13 日，總部設於紐約的「美國外交政策學會」（American Foreign Policy Association）在華爾道夫酒店（Waldorf Astoria）主辦了一場論壇。那是紐約最著名的酒店之一，出席論壇的都是城中精英和傳媒人，包括來自中國和日本。那天正好是日本皇軍進佔南京的同一天，胡適向台下發表了一場感動人心的演講，訴說

中國是如何孤獨無援地，打一場關乎生死存亡的反侵略戰爭；他向聽眾描述日軍在華暴行的細節，激怒了在場《大阪每日新聞》和《東京日日新聞》的兩位高級編輯。聽眾聚精會神，見證在他們眼前上演的外宣戰。12月20日，胡適寫信給韋蓮司說，他懷疑自己的演講到底有多大作用：「確實，我能做的非常少。我長久以來預計會發生的，最終都發生了，事情還沒解決。這是這場戰爭一個新階段的開始，它牽涉國際關係，很快就掩蓋了中國國內正在發生的事⋯⋯我渴望著有一天可以回去工作，為此我過去20年來都在準備自己。現在我頭上已經長出白髮，我不能再浪費一點時間。我來這裡談戰爭、談國際政治，多浪費啊！」

1938年春，哈佛大學和加州大學同時邀請胡適，在下一個學年到校任教。朋友們力勸他接受其一，但他心念祖國的同事和學生所受之苦，最後婉拒了。留美期間，他又重新燃起與韋蓮司的友情。坐進韋蓮司的車子裡，他倆同遊700英里，也許去過加拿大，二人對彼此的感覺熾熱如昔。年已52的韋蓮司，婉拒了一位男士的求婚，這位男士可能是康乃爾大學的一位教授，據韋蓮司形容，他有耐性、有禮貌、有風度，但沒音樂細胞、肚裡沒墨水、缺乏想像力、眼睛不靈光。她在11月11日寫給胡適的信中說：「我不能和所有想和我結婚的人結婚，諷刺的是，我也無法和我唯一想和他結婚的人結婚。」最終，她一生都沒有和任何人結婚。

1938年7月，胡適先前往英國，然後法國。身處巴黎的時候，

他收到蔣介石的電報，請他出任駐華盛頓大使。胡適的兩位朋友——駐巴黎大使顧維鈞和駐倫敦大使郭泰祺——以及行政院院長孔祥熙均給胡發電報，敦促他接受委任。胡適最初的反應是拒絕。他已經過了超過 20 年有自由意志的日子，並不想因為代表政府辦事，而必須接受掣肘和遵從指令。但胡的朋友們不同意。他們說，際此國家受苦受難的歷史時刻，他絕不可推卸責任。美國是當時唯一能拯救中國的國家，單是一個美國便足以打敗日本的陸軍和海軍。單憑一己之力，中國將無望戰勝，充其量只能稍作拖延，但代價卻是人民的性命、大片城鎮和鄉村被摧毀；而除卻胡適，沒有其他人具備如此知識、辯才、英語能力和在美國精英界的關係網。那是歷史為他準備的時刻。最終，胡適於 7 月 26 日決定接受重任。他的日記裡寫道：「國家際此危難，有所驅策，義何敢辭？」

9 月 17 日，政府宣佈王正廷辭任駐美大使，由胡適接任。《紐約時報》這樣報導此事：「很少中國人能如此全面地代表新舊中國最好的一面……很少人具備如此資格，既能向美國闡述中國，又能向中國闡述美國。」胡適 10 月 28 日向羅斯福總統遞交國書，之後在大使館召開新聞發佈會。就任大使後，胡適給韋蓮司寫了一封信說：「我很認真地擔起現在的擔子，相信我會越來越稱職。至少現在，我並不喜歡這工作，或許工作中必須面對的鬥爭，會令我越來越喜歡它。我但願如此。我已『退化成一個大使』。」胡適進而和羅斯福及第一夫人伊莉諾（Eleanor）、國務卿赫爾（Cordell Hull）和財政部長摩根索（Henry Morgenthau Jr.）培養出很強的個

胡適在大使館舉行的招待會上，接待羅斯福總統夫人。

人關係。國務卿形容胡是「華府的外國使團中最能幹、最有效率的人之一」。胡適也享受與傑出記者和法律專業人員的私人接觸，結果，他本人以及中國的訴求得到媒體廣泛的正面報導。

那時，胡適要做一個決定：要不要安排太太一道赴美。大使的配偶，在外交上扮演重要的角色，她是社交場合的女主人，也可以建立自己的社交網絡，或會對丈夫的工作有裨益。按原計劃，胡適遠赴海外，頂多只是幾個月的事情，但結果自 1937 年 9 月他離

開中國後，江冬秀就未與夫婿見上一面。最終，胡適認定太太不是扮演「大使夫人」的角色。首先，她不懂英語，也對大使工作所涉的事務完全沒有興趣；其次，她消磨時間的主要活動是搓麻將，但美國人視之為賭博的一種。胡適決定以大使秘書的夫人，作為使館招待活動的女主人，她學歷高，很適合擔當此角色。員工方面，他聘請了一位比利時人當管家、五位歐洲難民當家傭。這點最不尋常，因為出於安全考慮，大使館所聘請的僱員，通常來自出使國本身。胡適定時給太太寫信，又寄去金錢和小禮物。

胡適履任新職，媒體曝光自然更多、知名度更高。1938 年 12 月 4 日，胡在紐約「和諧俱樂部」（Harmonie Club）演講。他說：「我會毫不猶豫地說，中國事實上正流血至死⋯⋯我們已經有 100 萬傷亡⋯⋯6,000 萬受苦受難的平民⋯⋯為逃避侵略軍，正流離失所，得不到醫療照顧，大部份時間沒有最起碼的生活條件⋯⋯目前中國所有出海的途徑已完全被封鎖。」胡適將當時中國抗戰已進入的階段，比作美國獨立戰爭時期的 1777 年冬，華盛頓率領的美軍受挫，輾轉退到福吉谷（Valley Forge）喘息。1778 年 2 月 6 日，法國和美國簽署條約，建立軍事同盟。美軍經過休整，越冬後再出谷與英軍決戰，最終贏得勝利。胡適說，美國能打贏獨立戰爭的一個主要原因，是得到法國伸出援手。如今中華大地上的中國人，就好比福吉谷的美國人。

演講完畢的當天晚上，胡適心臟病突然來襲，情況頗嚴重，他馬上被送到紐約「長老會醫院」（Presbyterian Hospital）救治。胡在 2

月 1 日一封給韋蓮司寫的信中說：「我犯了心臟病，開始還以為是急性消化不良……這是對我開始『步入中年』的及時提醒。我必須完全停止抽煙，並大幅調整我的生活。」病情是如此嚴重，以致醫生硬留他住院 77 天，才批准他出院返回華盛頓。這段期間，他沒寫過一天日記。他舉止必須小心，譬如不能爬太多樓梯。這是對他擔任公職承受太大壓力的一個警告，也是他為什麼當初老不情願接受這個任務。

失望

1939 年 2 月，他回到華盛頓他的辦公室，坐在辦公桌前，恢復那繁忙的外交和社交日程。接下來的 19 個月，失望接踵而來。他遊說議員、向傳媒解釋《美國中立法》的缺陷，可是，所有和同情派官員的會面、座無虛席的公開演講，以及正面的媒體報導，都於事無補——美國政府的政策未曾稍改。在中國，局勢每況愈下。日軍本想速戰速勝，從而迫使蔣介石簽署和平條約，但戰況未如其願，反而發展成曠日持久的苦戰，交戰雙方的軍民死傷數字節節攀升。日軍掌握了制空權，持續轟炸中國各主要城市，包括戰時首都重慶。他們的目標是總統蔣介石、其家人和政府內閣；後者躲在重慶周邊山區的別墅裡，逃過一劫，倒是數以千計的平民百姓死於日軍濫炸，當地軍民鑿通了 1,700 條互相連貫的防空隧道網絡。日軍開創了轟炸平民區的先河，後來被德國、英國和美國空軍用作摧毀對方防守的戰略之一。1939 年裡，中國軍隊贏了四場戰役，但卻在 1940 年首場大型反擊戰中敗陣。自此，日

軍控制了整個中國東北和東部、南部的主要城市，但始終無法令中國投降——那是東京的作戰總部策動對華侵略的總目標。

日本在佔領區扶植的傀儡政府既不得人心，也極度無能，反日游擊隊在淪陷區持續活躍。1940 年 3 月和 6 月，中日官員先後在香港和澳門舉行秘密會談，探討達成和約的可能性。結果，因為中方拒絕承認日本扶植的偽滿洲國，以及日軍進駐華北的合法性，密談以失敗告終，儘管如此，這也反映了蔣介石的處境岌岌可危。1940 年 7 月，英國在日本的強大壓力下，加上考慮到集中精力對德作戰的需要，於是決定封閉連通中國和印度的滇緬公路；同年 9 月，日本佔領法屬印度支那，切斷雲南昆明與越南海防市的鐵路連繫，於是，中國所有通往西鄰和東部海岸的陸路補給線均被切斷。

可是，這一樁樁複雜紛擾的事件，並未觸及美國人的根本利益。日本人的暴行雖在道德上說不過去，但未足以構成拒絕跟他們做生意的理由，遑論介入戰爭；要求正與納粹德國作殊死戰的英國人拔刀相助，更是無望。胡適越來越沮喪，他在 1940 年中一次與美國國務院東亞事務高級顧問亨貝克（Stanley Hornbeck）的會晤中著重指出，中國的情況正在急劇惡化。他說：「中國需要美國方面更多的正面行動，而不僅僅是口頭上的鼓勵；需要一些更積極的支持，多於單純答應給予財務援助。」未幾，於 1940 年 9 月 27日，日本與德國、意大利簽署《三國同盟條約》（Tripartite Pact），其中第三條保證，一旦締約國之一受到目前不牽涉在歐洲戰爭或日

身為大使的胡適，向美國總統羅斯福說明中國人民萬人簽名的文件。

中衝突中的大國攻擊時，其餘締約國應以一切政治、經濟和軍事手段給予支援。很明顯，條文中的「大國」指的正是美國。

胡適認為，這是戰爭大局的轉捩點，《條約》令美國政府相信，歐洲戰場和亞洲戰場，其實是同一場戰爭中的兩個局部。美國「支援盟國保護美國委員會」（Committee to Defend American by Aiding the Allies）全國總監艾克爾伯格（Clark Eichelberger）於 1940 年末寫道：「太平洋的中國和大西洋的英國，現在構成我們的第一防

線。」11 月 5 日，羅斯福成功連任美國總統，他贏得 38 個州，對手共和黨的威爾基（Wendell Wilkie）僅取得 10 個。為贏得選戰，羅斯福在競選時曾承諾不會讓美國捲入外國戰爭。但胡適深知這位總統的脾性，會堅定站在中國和英國一邊，羅斯福的連任為他帶來勝算。1940 年 11 月 30 日，美國向中國批出一筆 1 億美元的信貸額度；1941 年初，美國戰略情報局（Office of Strategic Services，即中央情報局的前身）中國處處長在重慶履新；同年 3 月 11 日，國會通過《租借法案》（Lend Lease Act），授權總統向一些其安全被認為對美國國防至關重要的國家，出售或以其他方式提供戰爭物資。起初，《法案》的受惠國是英國；5 月 6 日起，中國被納入援助對象。但與此同時，美國也持續與日本人做生意，包括向其出口石油，間接使日軍的坦克和飛機在中華大地肆虐。6 月 22 日，300 萬德軍大舉入侵蘇聯，這對中國來說是個好消息——德國竟然對一個超級強國進行軍事挑釁，肯定無暇助日本一臂之力。到 1941 年夏，中華民國空軍美籍志願大隊在重慶成軍，綽號「飛虎隊」，他們對戰勝日本、取得亞洲戰場的最終勝利，將起重要作用。

不受歡迎的訪客

但對身處重慶的蔣介石來說，胡適所爭取到的進展並不足夠，他覺得胡在遊說美國政府方面成效不彰，想派遣一個更強有力的說客。最後，他選擇了自己的妻舅宋子文。一如胡適，宋畢業於美國哥倫比亞大學，回國後，於 1928 至 1933 年出任財政部長。就

性格而言，宋子文與胡適大相徑庭，一個語調溫婉有禮，一個語氣傲慢，而且嗓門大。宋子文 1940 年 6 月抵達華盛頓，根據胡適的日記，新來者告訴他：「你莫怪我直言。國內很有人說你講演太多，太不管事了，你還是多管管正事吧！」二人很難相處。胡適看著宋子文魯莽地衝撞他多年來培育的關係，宋的到來，令胡更不喜歡他的大使職務。美國的官員問：是誰在代表中國政府？是駐美大使，還是總統的妻舅？

結局

1941 年上半年，美國一再嘗試阻止日本向東南亞挺進，可是，到了 7 月，共 14 萬日軍進犯中南半島南部；作為報復，美國對日本實施石油禁運。由於後者高度依賴美國的石油供應，此舉等同在經濟上向日本宣戰。這年秋天，雙方展開談判，立場越趨對抗。華盛頓要求日本從中國撤軍，東京堅拒。大日本帝國議會於 11 月 5 日通過，若 12 月 1 日之前不能達成滿意的外交方案，日本將對美國發動戰爭。在 11 月餘下的日子裡，兩國外交團隊盡其所能，力圖避免開戰。11 月 24 日，美國政府提出為期三個月的《臨時安排》（*modus vivendi*），草案第三條建議，日本撤走法屬中南半島南部的駐軍，並將駐紮整個中南半島的總兵員控制在不超過 2.5 萬人；第四條容許美國以只限平民使用為條件，按月計恢復對日本出口石油；第七條與中國有關，但未要求日本撤出在華部隊。英國、荷蘭、澳大利亞三國的駐華盛頓代表看過《安排》的草稿，都表示同意。其時，日本艦隊已於 11 月 25 日出發駛向夏威夷，

假使當年《安排》成功通過，日本偷襲珍珠港的歷史事件就不會發生，從而避免太平洋兩個最強的海軍直接對撞，或至少把開戰時間拖延幾個月。但胡適看了《安排》的草稿，卻勃然大怒。

11 月 26 日，胡適面晤羅斯福總統，極力反對《臨時安排》。這是胡適外交生涯中，甚或他整個人生中最重要的一次會面。美國是當時世上唯一有能力擊敗日本的強國；中國單憑一己之力，要自衛只能是奢望。若華盛頓選擇與東京媾和，中國將長時間被日軍霸佔，更可能永遠失去東三省。根據當年 12 月 15 日美國《生活》（LIFE）周刊的報導：「據報，這位言談溫婉的學者，在人生中首次大發雷霆……他提醒總統先生此前曾隨口向中國許下的無數承諾。」最終，胡適成功說服美國總統否決《安排》，羅斯福傳召日本駐美代表到白宮，告知他這個決定。《生活》說：「在阻止美日達成協議方面，胡扮演了一個異常重要的角色。」由於到了 12 月 1 日仍無法達成協議，日本艦隊按照原定計劃，全速直撲夏威夷。12 月 7 日早上 8 點不到，300 多架日本軍機開始轟炸停泊珍珠港的美軍艦艇，整個行動共擊沉四艘戰艦、炸傷另外四艘，並奪去 2,400 名美國人的性命。當天，胡適剛返抵大使館，就被告知要接總統的電話，總統告訴他：「胡適，日本人動手了——他們轟炸珍珠港。我希望你是其中一個最早知道的。」這反映了二人之間強烈的個人連結，而這種關係是胡適在過去多個月建立起來的。假使當時的中國駐美大使不是胡適而是另一人，羅斯福仍會在 11 月 26 日接見這位大使嗎？若會，他會否被後者勸服？

珍珠港事件後，1941 年 12 月 22 日，美國總統羅斯福在白宮簽署 26 國同盟宣言，中國成為四大國之一。胡適手持羅斯福的簽名文件，在白宮前喜形於色。

偷襲珍珠港，決定了太平洋戰爭以至亞洲戰場的結局。這一役誠然是日本軍事上的成功，卻是它政治、道德和戰略上的災難。偷襲行為本身的不光彩，加上遇害美國人的數目，大大激怒了美國人，客觀上也給予羅斯福向日本宣戰所需的堅實民意基礎。統領是次攻擊的日本海軍上將山本五十六深知，若與美國開戰，日本

必敗無疑；他曾反對佔領滿洲和在中國發動戰爭，也反對締結《三國同盟條約》。山本在美國哈佛大學唸書，能說流利英語，曾兩度出任日本駐華盛頓大使館海軍參贊。他在美國的遊蹤廣遍各地，深知美國在鋼鐵、飛機、軍火、石油以至所有軍需品的產能，都遠超日本。1941 年中，日本首相問他，若與美國開戰如何？他答說：「在頭六個月或者一年，我會拼命進攻，可是到第二、第三年就完全沒把握。」結果，歷史果真如他所言──1942 年 6 月日本在中途島戰役遭挫，是其走向最終敗局的開始。假使當初日本選擇僅僅攻擊英國和荷蘭在東亞、東南亞的屬地，美國未必會投入太平洋戰爭。因此，我們或許可以說，胡適與羅斯福的個人友誼，以及他於 1941 年 11 月 26 日向羅斯福的進言，對左右亞洲戰局的走向，起了關鍵的歷史作用。

苦澀酸楚

珍珠港事件後不久，蔣介石便委任宋子文為外交部長，命他留在華盛頓，處理中國與美、英兩國的外交事宜。如此安排極不尋常，完全罔顧胡適顏面。從此，蔣介石可以架空駐美大使，直接透過他的妻舅與美國政府打交道。宋子文和胡適的關係旋即惡化，作為外長，宋是胡的上司，他下令使館職員出示所有來自重慶的電報，卻從不向胡透露自己收過什麼指示。胡適在 1942 年 5月 19 日的日記中說：「有時蔣先生來電給我和他兩人的，他也不送給我看，就單獨答覆了。」宋子文的主要任務，是為中國洽商融資──這是胡適從未涉及的領域。二人的外交工作風格迥異，

宋盛氣逼人，說話直白，美國國務院寧可與胡適交往。他們形容宋態度傲慢、行事踰矩，為外交所不宜。美國《生活》周刊引述，重慶曾撥款 6 萬美元予胡適，作宣傳之用，胡卻把款項退還，稱：「我的演說便足可宣傳，毋須分文。一個受友邦政府和民眾認可的外交官，無須靠宣傳。其任務是充分了解其所出使的國家，想其所想⋯⋯其餘的便可水到渠成。」按中國的傳統之道，孰高孰低，一目了然。

宋子文經常勸蔣介石把胡適換掉，蔣最終如他所願，於 1942 年 9 月委派魏道明接任。魏用六年時間，取得巴黎大學法學博士學位，1925 年回國出任高職，1941 年獲委任為駐法國大使，卻因故未能履任。從這份簡歷，看不出他有什麼地方適合出任如此要職，而這或許正是宋子文起用他的原因。但魏道明既沒有胡適對美國那樣的深入了解，也無履職所需的流利英語或個人網絡。國務卿赫爾稱許胡適「對中美友誼所作的出色貢獻，以及他在任內擔負重任所表現的出色能力」。《紐約時報》認為胡適被撤換是一項「錯誤，除非其國內已有某種更高的位置等著他」；其他報章的「編者的話」和「讀者來函」都紛紛表達對胡適離任的惋惜。他在 9 月 24 日一封致韋蓮司的信中說：「這改變對我來說確是一大解脫。我已準備好休息幾個星期，完全放鬆，然後才為將來作具體打算⋯⋯能回復自由身、有睡好覺的閒暇，真是太美妙了。醫生不贊成我坐飛機回去，怕我承受不了那飛行高度。缺乏有關中國現況的書，也是我目前不想回去的一個考慮。」

歸去？留下？

免除大使職務後，胡適要作出抉擇：回家還是留在美國。國民政府準備了行政院高級顧問一職，只待他歸來上任，但與此同時，不止一所美國大學亦向他提供教席。另一方面，他的太太在中國，兩個兒子則在美國，其中祖望剛從康乃爾大學畢業；思杜則打算在那邊升讀大學，需要不少錢。

最後，胡適決定留在美國，未來四年他一直留在彼邦，到 1946 年 7 月才返回中國。他婉拒了所有教職，改而接納「美國學術團體聯合會」（National Council of Learned Societies）聘請，擔任研究員兼文化顧問。該聯合會於 1919 年創立，宗旨是「促進所有人文科學和社會科學的研究，維持並壯大全國致力相關研究的學會」，總部設於紐約。兩年後，胡適開始接受有限度的授課安排，包括哈佛大學（1944 年 10 月至 1945 年 6 月）和哥倫比亞大學（1945 年秋）；1946 年 2 月，他在康乃爾大學講了六課。

經歷過四年華盛頓的外交和政治漩渦後，胡適很懷念職業生涯頭 20 年那種平和、安靜和自由。他希望做自己的研究多於教學；在此前的四年裡，他進行過數以百計的公開演講、出席了無數的社交活動，耗費了不少精力。當然，讓他決定「歸隱」的，還有其他原因。其一，是想多花點時間和兩個兒子相處——隨著他們逐漸長大，父子已經很少相聚。另一個原因是他需要多掙點錢，替思杜交學費——要是回到通脹如脫韁野馬般的中國，本來已經不

多的薪酬只會加速縮水，交學費就更不可能了。再一個原因是，他在美國有寬廣的社交網絡，生活安定舒適，而這是健康脆弱的他所需要的——不到四年前，他曾犯心臟病，半條腿踏進了鬼門關。第四個原因，是要躲開已經變得烏煙瘴氣的重慶——蔣介石政府與美國顧問因抗戰策略相左，經常抬槓，鬧得不可開交；而政府內部，個人之間也如仇如敵。作為前駐美大使，胡適很難置身事外。蔣介石交託給他的外交任務，是把美國捲入這場戰爭，並確保日本被擊敗。現在他已經實現了前半部，還有什麼比這更能報效國家的？至於後半部，已經沒他胡適的事了。

最後就是，以中國當時的情勢和條件，沒有哪裡適合他安靜下來，去做他一直想做的學術研究。如前所述，北大與清華、南開大學遷至湖南省府長沙，共同組成長沙臨時大學；不久，臨大再遷到雲南省府昆明，改稱國立西南聯合大學。北大官網的英文版這樣描述當年的情況：

「抗戰期間要維持一所學校，極為艱難。圖書館的書架用木箱層疊，只能存放幾萬冊書。館內座位有限，只能同時容納幾個人坐下，故常有學生到附近茶館——不單是閱讀和討論，也求一杯水解渴。西南聯大的學生出入茶館，遂成戰時昆明一道獨特的風景線。實驗設備都是臨時手製，教師們只能湊合使用。無休止攀升的物價，使師生們的生活擔子日重一日。從抗日戰爭開始到 1943年，昆明的物價漲了 300 倍，但西南聯大教職工的工資僅上調五倍。為應付生活，教員們須到其他學校兼職教學，甚至賤價出售

他們的私人藏書和衣物；學生們也須在課與課之間找兼職工作。」昆明的基建和軍事基地恆常遭日本軍機轟炸，在此情況下，胡適如何能專心埋首古籍？因此他移居紐約，他在這裡有很多朋友，租下一套房，隨時可以躲進做學問所需要的平靜中。

上面說的，是胡適的如意算盤，然而，縱使抗戰勝利，戰後國共內戰重燃的陰霾卻始終揮之不去。1945 年夏，胡適出席了在三藩市舉行的聯合國成立大會，期間與中國共產黨代表董必武碰面，並進行了長談。8 月 24 日，胡適給毛澤東寫了一封信，信中說：「弟懇切陳述鄙見，以為中共領袖諸公今日宜審察世界形勢，愛惜中國前途，努力忘卻過去，瞻望將來，痛下決心，放棄武力，準備為中國建立一個不靠武裝的第二大政黨。公等若能有此決心，則國內十八年糾紛一朝解決，而公等廿餘年之努力皆可不致因內戰而完全消滅。」然而，毛澤東聽不進忠告。

家庭

胡適的長子祖望於 1939 年 8 月 18 日抵達三藩市，行李中帶著大箱小箱其父的書籍，包括未完成的書稿。祖望在康大修讀工程學，每年學費 1,200 美元，他 1942 年 5 月畢業後，到美國一家汽車企業 Studebaker Motor Company 工作。胡適於 1941 年 4 月，把還在上海的次子思杜叫到華盛頓一起生活。或許是因為父親大部份時間都不在身邊，思杜在中國時從來都不是好學生。他熱愛京劇、因貪吃而變得過重；他早上總是賴床，母親也拿他沒辦

法。思杜到美國後，胡適把他送到賓夕法尼亞州，在哈弗福德市（Haverford）一所私立文理學院「哈弗福德學院」就讀。然而，他沒有好好唸書，學校不讓他畢業，父親張羅為他轉往另一所學校，結果還是一樣。胡適寫信給妻子，解釋他為何讓思杜到美國，而沒讓她去：「我在這兒的生活，並不是很快活的生活。……根本的問題是，你我的生活只可做一個大學教授的家庭生活，不能做外交官的家庭生活。」他解釋説，他被迫出席社交活動，那些活動令他疲憊不堪；她過這樣的生活，只會受罪。思杜離家後，身邊沒有兒子陪伴的江冬秀，獨自一人生活。1937 年 9 月丈夫赴美時，她以為他頂多只去幾個月，怎料一別就是八年半。美、英兩國於 1941 年 7 月對日本實行經濟制裁後，連上海與美國之間的郵件往來也被切斷，自此江冬秀就沒有了丈夫的音訊，直到 1945 年日本投降。因此，她是在枕邊人一直遠在他鄉的情況下，獨自一人忍受那可怕的八年抗戰。

在胡適一生中的許多方面，他都是一位成功人士，唯獨看來不是一位成功的父親。他在 1939 年給妻子寫信説：「我和你兩個人都對不住兩個兒子。現在回想，真想補報，只怕來不及了。以後我和你都得改變態度，都應該把兒子看作朋友。他們都大了，不是罵得好的了。」

學術生活

胡適在紐約東 81 街 104 號租下一套公寓，那是曼哈頓上東城的一

個昂貴地段，他希望可以在此安靜地看書、研究、寫作。公寓由哈特曼太太（Mrs Virginia Davis Hartman）安排，她是一位女護，自 1938 年 12 月 6 日胡適首次心臟病發，住進長老會醫院那時開始，就一直照顧他的健康。哈特曼太太較胡適年輕四歲，初遇胡時，是個寡婦。胡適出院後，他們保持聯繫，1942 至 1946 年胡適旅居紐約期間，二人的感情有增無已。她經常和胡見面，又陪他和祖望看話劇、看電影。他們的友誼維持了 20 年，直至胡適 1958 年到台北定居。胡適與韋蓮司的友誼則以一種更狹窄的方式持續，例如在雙方的生日互致禮物和鮮花。他還有很多其他華人和美國人朋友。

胡適在 1942 年 10 月 20 日的日記中寫道：「我想不教書，只想動手寫我的『中國思想史』。」美國「洛克菲勒基金會」（Rockefeller Foundation）同意資助他的研究，胡適有條件接觸到紐約最優質的學術圖書館，包括大型的中文文獻館藏。1943 年 11 月，他把研究的重點轉向《水經注》。

1945 年，中國政府委任胡適為下任北大校長，但由於胡適滯美未歸，經蔣介石與胡商討，決定由傅斯年出任代理校長，直至胡適返國。起初，胡適不想擔此重任，他知道要重新整頓被八年戰火波及的北大，是何等的挑戰。傅斯年在一封寫給胡適的信裡說，大學需要 5,000 萬到 1 億美元的資金。錢從何來？胡適不敢想下去；但他不能拒絕──八年抗戰期間，當他在華盛頓和紐約過著安逸舒適的生活的同時，他的同事們在戰火中逃避轟炸、失去

家人朋友、承受著通貨膨脹以及一切痛苦。現在和平終於到臨，很多同事希望他回去主持大局，啟動復興北大的偉業，他怎能拒絕？1945 年 8 月 15 日，日本宣佈無條件投降，二戰正式結束。可是，此時北大還不能馬上返回原址復校，因為經過戰火洗禮，各地的物流運輸遭到極大破壞，重建和維修所需的物資，張羅需時，學校仍要在昆明待上起碼一年。國立西南聯合大學於 1946 年 5 月 4 日舉行結業典禮、7 月 31 日宣佈結束後，三所組成院校方陸續遷回北京和天津原址。

1946 年 5 月 2 日，時年 55 歲的胡適再次心臟病發，幸好病情不重，哈特曼太太給他打針吃藥，舒緩痛楚。同年 6 月 5 日，胡適在紐約登上一艘船，他訂的是私人客艙，隨身行李有 40 件。胡在美國一住就是八年零八個月，他在登船當天的日記上寫著：「別了，美國！別了，紐約！」他當時可會想到，自己餘生都不會再見美國、再見紐約？

本章資料來源

Rana Mitter：*China's War with Japan 1937-45, the Struggle for Survival*（掙扎求存：1937~1945 中國對日戰爭），Allen Lane 出版，2013 年。

Revised Draft of Proposed "Modus Vivendi" with Japan（擬議中與日本達成「臨時安排」修訂草稿），美國國務院歷史文獻辦公室，1941 年 11 月 24 日。

Ryohei Nakagawa：*Japan-U.S. Trade and Rethinking the Point of No Return toward the Pearl Harbor*（日美貿易與踏上珍珠港不歸路的再思）

Sarah Abbass（西悉尼大學）：*Wartime Ambassador: Hu Shih in Washington, October 1938-September 1942*（戰時大使：1938 年 10 月 ~1942 年 9 月駐華盛頓的胡適）

北京大學官網英文版

余英時：《重尋胡適歷程》（詳見第六章末）

胡適日記

張家康：〈胡適當大使不辱使命〉，《人民政協報》，2014 年 11 月 13 日。

陳毓賢、周質平：*A Pragmatist and His Free Spirit*（詳見第一章末）

第八章

Chapter Eight

一九四六～一九四九：絕望與自我流放

1946 年夏，胡適乘坐從紐約駛往上海的「塔夫脫總統號」輪船，航程需時七個星期，他身處私人客艙，有很多事情要思考。其一是，過去 30 年，胡適和全國最負盛名的學府——北京大學有著種種親密關係，現在他即將接任其校長一職，可謂事業生涯的高峰。可是，職位帶來的榮譽之高，比不上它帶來的挑戰之大。抗日戰爭迫使北大輾轉流亡到昆明長達九年；這九年間，北平的校園遭到嚴重破壞。代理校長傅斯年告訴他，大學的資金缺口大約在 5,000 萬到 1 億美元之間。誰可以提供這筆資金？中、美兩國的政府？企業？還是靠私人捐款？為吸引最優秀的教授和研究人員，胡適必須支付足夠吸引的薪酬。此外，天空還有一塊更黑的烏雲：政府與共產黨之間爆發內戰，看來只是時間問題。

1945 年 12 月，美國前陸軍參謀長馬歇爾將軍（George Marshall）奉總統杜魯門（Harry Truman）之命，到中國調解國共之間的軍事衝突。1946 年 1 月，他成功把雙方代表齊集南京，進行政治協商會議，但由於期間兩軍在中國各地衝突不斷，且不時有自由派知識分子被暗殺，調解的努力最終歸於失敗，共軍也俘虜並殺害駐紮在中國的美國軍人。8 月 10 日，杜魯門告訴蔣介石：「最近發生的事，沒有摧毀美國對中國人熱切追求和平與民主的信心，但卻動搖了它。」一場內戰看來無可避免。哪一方最終能戰勝「敗寇」，贏得江山？又，在「成王」政府的統治下，北大的未來將是何等模樣？

胡適在 7 月 24 日的日記中，提到輪船快將航抵上海時，天空忽然

下起滂沱大雨,「天晴後,八點一刻,海上晚霞奇艷,為生平所少見。九年不見祖國落日明霞了!」明霞,固可解作太陽光輝,也藉此暗喻迫在眉睫的戰爭炮火。7月5日,傅斯年連同一群記者,在上海與胡適和大兒子祖望見面。應酬完滬上的政府高官和各界名流後,胡適闊別九年,終在晚上再次看到太太的面容。我們沒找到是次重逢的任何記錄。日本侵華期間,江冬秀大部份時間都留在上海,先是在法租界,但最終全市也淪陷了。儘管如此,她仍不必為生活物資犯愁,並於1945年春返回安徽祖居。夫婦倆互相交換別後情況,未幾,傅斯年和胡適便聯袂前赴北平。胡受到當地政府和北大校友會的歡迎,他不再僅僅是一位著名教授,更已成為一位全國聞人。對此,他一則以喜,一則以憂。

闊別九年,北大回到它在北平的「老家」,大學裡上上下下隆重其事、精心籌備,以迎接10月10日國慶當天在北平復校。日佔時期,北大部份校園受到破壞,為安頓陸續回校的師生,需要新的樓房。後來大學取得位於東廠胡同的前大總統黎元洪舊居以及舊議政廳,經過翻新,以敷急需。客觀情況使然,所謂的「北大校區」,散佈於北平城裡城外40多個地點。大學返回北平後,在原有的文學院、理學院和法學院外,又增加了醫、農、工三個學院。六個學院共設有23個學系,另開辦兩個專科課程。此外,大學又在本科以上開設文學、理學、法學和醫學四個領域的進修學院。到了1946年12月中,大學已有3,420名註冊學生,包括564名來自西南聯大。1947年上下學期,分別有58和45名學生畢業。大部份學生完成四年學業便可取得學士學位;工學、農學、

傅斯年（左一）陪同胡適（居中者）回到北平時受到歡迎的情形

藥劑學需五年、牙科六年、醫科七年。

經歷了八年抗戰後，要重新樹立一所具規模的大學，在正常情況下已是無比艱鉅的挑戰，更遑論北大遇到的不是正常情況。其中一座大山，是如脫韁野馬般的通脹。以 1945 年 9 月的商品批發價格指數為基點 100，到 1946 年 7 月胡適返抵上海時，指數已暴升至 1,180；到 1947 年 1 月，更進一步升至 1,900。這對任何以固定薪金過活的人，例如北大的教職工和他們的家庭來說，都是災難性的。共產黨很會利用群眾的不滿，他們滲透到工會，組織罷工，單是在上海，1946 年已經組織了 1,716 次。共產黨人在北大

等校園內十分活躍，策動反政府遊行示威。胡適發現自己正面對的學生運動，與他此前兩次任職北大期間所面對的，熱度不相伯仲；但與之前不同的是，這次比較有組織、比較能獲社會及校園中人的廣泛支持。環顧全國，內戰戰火越燒越旺。1946 年 7 月，政府軍開始對盤踞東北的共軍進行全面掃蕩。在多個由共產黨控制的地區，共軍開始沒收農村土地，嚴懲階級敵人。1947 年 1 月初，馬歇爾將軍離開中國。他宣佈，調停國共雙方的努力已然失敗，所有在中國運作的美國調解小組均已解散。這表示，內戰已無法回頭，數以千計的士兵將命喪沙場，直至其中一方取得完全勝利。到那時候，在新秩序下，北大及胡適本人的角色、位置將會如何？從這個時期胡適於北大拍的照片看，他變得消瘦，精疲力竭了。

胡適一生竭力遠離政治，從未加入任何政黨。一如其他自由派知識分子，他視自己的角色為一個持平的自由人，可以同時評論甚至批評、反對兩方政府。這就是他們這批人在社會的位置。從 1920 年代起，胡適就反對「主義」式的思想，這當然包括共產主義，他認為它們太簡單化，也太激進。1946 年時，他在紐約讀到克拉夫琴科（Victor Kravchenko）寫的《我選擇了自由》（*I Chose Freedom*）。克拉夫琴科生於烏克蘭，是一位蘇維埃共產黨員，1944 年出走到美國。那書 1946 年在紐約出版，一時洛陽紙貴，風靡美國和歐洲。它揭示了蘇聯的集體化改造、古拉格式牢獄系統（Gulag prison system）[1] 和獄中勞役的真象，這些都是鮮為西方所知的另一個世界。胡適在 1946 年 4 月 24 日的日記中，透露自己

「很受震動」，他說克拉夫琴科是在「向報界談話，請求輿論的保護。此書是他的自傳，描寫蘇聯的內部慘酷情形，甚有力量」。蘇聯正是毛澤東希望借鑒的對象，以建立他心目中的理想國度。

1947 年，胡適收到傅斯年給他寄來的一封信。傅胡二人既是密友，對事物也持相近觀點。信中說：「我們與中共必成勢不兩立之勢，自玄學至人生觀，自理想至現實，無一同者。他們得勢，中國必亡於蘇聯。使中共不得勢，只有今政府不倒而改進。」行文中顯示了作殊死鬥爭的雙方，幾乎容不下哪怕是一丁點的獨立思想和評論——要麼同意，要麼反對，沒有中立的空間。

胡適與政府的互動，主要在教育領域。1946 年 11 月 11 日，他前往南京，準備出席制憲國民大會，商討為中華民國起草憲法。共產黨杯葛了這次會議。胡適在大會發言中，和其他教育界領袖提出，在憲法裡加入有關教育開支的特別條款；胡還努力為北大向國民政府和中華教育文化基金會（見本書第五章）爭取發展資金。後者尤其重要，因為它發放的資金為美元，而不是差不多天天都在貶值的中國貨幣。1947 年 3 月，胡適向基金會的八位委員提出類似 1930 年代時，基金會與北大達成的資助協議。他索要一個 30 萬美元的貸款額度，分兩年撥付；貸款到位後，北大將於 15 年內攤還，年息 5%，由教育部作保。按照協議，該筆貸款將用作添置北大所需設備，但須經基金會審批。12 月 13 日的一個會議上，基金會議決向四所大學批出 25 萬美元，北大獲分配其中的 10 萬，其餘的浙江大學、武漢大學和國立中央大學則各得 5 萬。北大立

意運用得款，創立現代物理學中心，可是，到了 1949 年 2 月，胡適發現基於種種原因，該筆款項還是原封未動，故主動將之退還基金會。

1947 年 9 月，胡適向政府提出一個十年計劃，集中資源，打造五所頂級大學：北京、清華、武漢、浙江和國立中央大學。自然有不少人歡迎這項建議，但由於通脹逐日攀升，政府心有餘而力不足。胡適在 9 月 23 日的日記中寫下了北大同事對此事的反應，令他失望透頂。當天，約 100 名老師出席了一個由他主持的兩個半小時會議。日記說：「回家來心裡頗悲觀：這樣的校長真不值得做！大家談的想的，都是吃飯！向達先生說的更使我生氣。他說：我們今天愁的是明天的生活，哪有工夫去想十年二十年的計劃？十年二十年後，我們這些人都死完了。」胡適的失望可以理解。政府力邀他回國，旨在使北大華麗轉身，打造成為像美國多所知名大學般的世界級學府。胡經常到那些地方演說，有視野、有人脈，有條件為北大籌募各項經費、吸引一流教授。可是，當年的北平正值非常時期。胡適固然有他作為校長的盤算，但他日記中提到向達教授的抱怨，恐怕更真實地反映了北大同工的日常驚惶與焦慮。11 年後，胡適將在台灣提出類似的規劃（我們將在下一章提到）。結果，胡適任期內的工作和他原先所希望的不一樣。在內戰和政治對立那令人窒息的氣氛下，學生怎能專心向學、同工怎能專心教研？胡適須花大量精力和時間籌募經費，還須應對學生的抗議示威風潮，確保他們不會被投獄。這時期的照片顯示他面容憔悴，目光透著焦慮，遠不如平常那樂觀的胡適。

有一次，他向教育部長朱家驊請辭北大校長一職，朱隨即回電報慰留，堅拒其辭呈。

總統候選人

自 1947 年 1 月起，蔣介石多次力邀胡適加入其政府，授以考試院院長的官位，掌管全國重要考試及公務員銓敘升遷的事宜；胡又獲邀加入中央政府最高決策機關「國民政府委員會」。胡適在 2 月 22 日的日記裡說，他兩個職位也不會接受：「理由無他，仍是要請政府為國家留一兩個獨立說話的人，在要緊關頭究竟有點用處。我決不是愛惜羽毛的人……但我不願放棄我獨往獨來的自由……國府委員而兼北大，尤為不可。……我請求蔣先生許我留在此地為國家做點有用的事。」

到了 3 月，胡適前往南京，出席基金會和中央研究院的會議。在南京停留的六天裡，蔣介石曾兩次邀胡適會晤，重提加入政府一事。蔣說，不勉強他擔任考試院院長，純粹擔任國民政府委員亦可。這身份不是官員，委員會每月僅開會兩次，且不必每次出席。胡適堅辭不就，蔣介石心中自然不悅，但仍禮貌地親自把他送到門口。蔣鍥而不捨的原因之一，是胡在美國享有極高名望。當時，美國政界和公眾輿論正漸漸逆轉，對國民黨不利。只要胡適肯在政府最高決策機關裡佔一位置，哪怕沒有特定官職，也有望改善國民政府在美國朝野心目中的形象。當年稍後，蔣重提舊議，更表示推舉他為 1948 年 4 月總統大選候選人，可是胡仍不為

所動。12 月 16 日，蔣再邀胡聚餐，當胡依約而至，才發現自己是唯一的獲邀對象。蔣力勸胡再去華盛頓當駐美大使，胡當下「不敢答應，只允考慮」。在 12 月 12 日的日記中，胡適交代了他給蔣介石的回覆：「我老了，十年的差別，如今不比從前了。如對日本和會在華盛頓開，我可以充一個團員，但大使是不敢做的了。」

到了 1948 年初，胡適心灰意冷，已放棄國共雙方議和的希望。人類歷史上其中一場最大規模的內戰已蔓延全中國，數以千計的軍民喪命、受傷、流離失所。1947 年末，華北大城市以外的大部份地區，已落入共產黨的正規軍和游擊隊手上。在東北三省，國民黨軍控制的瀋陽、長春等大城市已被解放軍重重包圍，只能靠空投物資救濟。美國軍事顧問強烈勸諭蔣介石，撤走駐守瀋陽的 20 萬精兵，解華北被困之圍，但遭蔣拒絕。1948 年 9 月和 10 月，共軍東北野戰軍司令員林彪率領部隊，對瀋陽和長春發動總攻勢，不到兩個月便將其攻陷。在這場史稱「遼瀋會戰」的戰事中，國民黨軍方面被共軍消滅或收編的，超過 40 萬人，其中不乏精銳部隊。至此，整個東北宣佈易幟，為共軍向北平進發鋪平道路。

「沒有麵包就沒有自由」

1948 年 12 月 17 日，是北大建校 50 周年紀念日，胡適和他的同事早早就忙於籌備這個非凡的校慶。11 月裡，北平流傳著一種說法：北大將會像 1937 年時般遷往南方。胡適予以否認，只管把精力放在籌辦慶典上：「北京大學如果離開，就不能稱為北京大學

了，所以絕無搬遷之理。」他心裡清楚，自己不想離開。11 月 24日，北大教授會通過決議，反對遷校。但形勢擺在眼前，胡適很快就要為去留作出決定。

東北的勝仗剛打完，解放軍就於 11 月 29 日揭開新的戰幔，策動「平津戰役」，旨在拿下華北兩座最重要城市——北平和天津。當時，擔任政府軍「華北剿匪總司令部」總司令的傅作義，手裡雖擁兵超過 50 萬，卻無法阻擋共軍的推進。由於共軍已控制整個華北大部份鄉郊地區，誰都知道解放軍很快就會把北平團團圍住，而傅作義的部隊也將成甕中之鱉。

胡適 12 月 4 日的日記透露，他當天傍晚在北平參加了一場晚宴，為一位剛從美國回來的學者洗塵，座上都是大學的高層人物。胡適在宴會結束前向一眾出席者發言，說待 50 周年校慶過後，他不想再當北大校長了：「我想到政府所在地去做點有用的工作，不想再做校長了。不做校長時，我也決定不做『哲學史』或『水經注』！至於我能做什麼，我自己也不知道。」

在胡適那些玩笑話和謙遜話背後，在場的人其實都知道，他們的世界將會發生巨變。一如廣大中國知識分子，北大的全體教學人員，對時局和前景各有各的看法，甚至可以是南轅北轍。有些人是一直潛伏著的中共地下黨員，聽上級指令行事，終極目標是推翻國民政府；有些維持中立，不偏向任何一方；有些則批評蔣介石和國民黨，但對自己的未來惴惴不安——在新的社會秩序

胡適出席北大學生反內戰集會並發表講話

下，他們還能保住眼前的工作和社會地位嗎？有些人支持政府，認為一旦讓共產黨取得江山，對中國而言將是一場悲劇。胡適屬於最後一類人。由於他的社會地位和全國聲望，共產黨極希望他留下，為他們的政權背書。他們動員胡適的一位學生吳晗前往遊說，胡的回應是：「不要相信共產黨的那一套！在蘇聯，只有麵包，沒有自由；在美國，既有麵包，又有自由；他們來了，沒有麵包，也沒有自由。」胡適把話說得如此明白，吳只好離去。可是，共產黨卻沒有放棄。中共其中一個電台宣佈，胡適將出任新政府治下的北大校長，兼北京圖書館館長。胡不為所動、不改去

意。他知道，以他的身份地位，他將獲安排坐飛機離開北平；但他的大學同事則須另行張羅。若他們試圖從陸路離去，就要先後越過國軍和解放軍兩道警戒線，冒被其中一方逮捕的風險；或有可能被困於兩軍爭奪北平的交戰地帶之中。

胡適在日記中，詳細寫下了他在北平最後兩天的經過。12 月 14 日：「早晨還沒有出門，得陳雪屏忽從南京來電話，力勸我南行，即有飛機來接我南去，我說，並沒有機來。……到一點半始得剿總電話，要我三點鐘到勤政殿聚齊。後來我們（有陳寅恪夫婦及二女）因路阻，不能到機場。」陳雪屏是胡適友人，而勤政殿位於香山，是傅作義設的總部所在。

12 月 15 日：「昨晚十一點多鐘，傅宜生將軍自己打電話來，說總統有電話，要我南飛，飛機今早八點可到。我在電話上告訴他不能同他留守北平的歉意，他很能諒解。今天早上八點到勤政殿。但總部勸我們等待消息，直到下午兩點才起程，三點多到南苑機場，有兩機，分載二十五人。我們的飛機直飛南京，晚六點半到，有許多朋友來接。兒子思杜留在北平，沒有同行。」

離開前，胡適給北大的秘書長和文學院院長等同事留言：「我就毫無準備地走了。一切的事，只好拜託你們幾位同事維持。我雖在遠，決不忘掉北大。」胡適此去，不曾想餘生無緣再踏足北平，也不知道這是他和灌注心力 31 載的北大永別。

時年 27 歲的思杜沒有隨父母同行。那是個離奇的決定。他肯定知道自己不是普通一名公民，而是全國其中一位最知名人士的兒子，不管他喜不喜歡這個身份。胡適夫婦盡力勸說，希望他與父母同行。他回應說：「我又沒有做什麼有害共產黨的事，他們不會把我怎麼樣的。」他父母唯有給他留下不少名貴服裝、金銀飾物等，讓他結婚時可派上用場。思杜也不曾想，這一念之差，最終要了他的命。而胡適的大兒子祖望，則較早前已離開北平。

倉促間要離開，時間只容許胡適收拾細軟，他眼巴巴看著北平家中帶不走的超過 100 箱書，一些是胡父留下的，一些是他自己精挑細選、用心註釋的，心想只好待他日有機會再回來取 —— 當然，他不知道往後再不會有這個「他日」。對一個窮一生收集、整理、校註文獻的學者來說，一夜之間盡失所有，其痛無異於錐心刺骨。

中國科學院有成員 81 人，決定趕在共產黨攻佔北平前離開的有 22 人，屬於少數，胡適也是其一；其中，跟隨國民黨政府播遷台灣的有 9 人，前往海外或早在海外的有 13 人。決定留下，或雖已離去，但中華人民共和國成立後不久即回大陸的，共 59 人。

在首都南京，胡適雖感到安全，但並不自在 —— 自己能逃離北平，是因為他的社會地位，但他的大部份同事和朋友卻沒有這福份。他在 1949 年 1 月 1 日的日記裡寫出自己的感受：「南京做『逃兵』、做難民，已十七日了！」胡適的朋友胡頌平，記下了他倆

在南京會晤時的對話。胡適説：「我現在住在這裡，這座房子，這些煤，都要國家花錢的。像我這樣的人，也要國家花錢招待嗎？」胡頌平開解説，這是暫時的，若胡適能到海外去，替政府做些外援工作，他「還是可以救國的」。胡適回應道，「這樣的國家，這樣的政府，我怎麼抬得起頭來向外人説話！」不少政府中人也希望他能扮演類似的角色。胡適的日記寫，在 1 月 8 日的一次晚飯聚會上，蔣介石再次敦促他去美國，説：「我不要你做大使，也不要你負什麼使命。例如爭取美援，不要你去做，我只要你出去看看。」1 月 16 日，經過 29 個小時的戰鬥，天津失陷，在此戰役中，政府軍折損兵員 13 萬，包括戰死沙場和繳械投降。共軍乘勝追擊，兵臨北平城下；1 月 21 日，傅作義決定與共軍談判，和平結束戰事，避免進一步流血。一周後，雙方停止戰鬥，傅率部逾 25 萬人開始撤出北平。作為中國古代京城，北平的易手，是國共內戰一個非常重要的里程碑，為共軍高歌南進打好基礎。共產黨公佈了「戰犯」名單，其中包括國民政府所有高層官員以及胡適的不少朋友——胡適本人則「榜上無名」。

1 月 15 日，胡適遷居上海，在銀行業友人陳光甫的招待所住了兩個多月。上海和北平之間的郵遞服務如常，臨別之際，他收到北大各學系的主管來信問好，感動不已。胡適先安排太太坐船到台灣，遠離戰火。到 4 月 6 日晨，他在上海公和祥碼頭登上「克利夫蘭總統號」輪船，船於上午 11 點啟航，開赴太平洋彼岸。要取得赴美簽證並不容易，因為當時的形勢已今非昔比，華盛頓方面已決定放棄蔣介石政府。胡適要靠美國的大學向他開出邀請函，

作為當局簽發簽證的充足理由。這是胡適第六次、也是最後一次
離開中國大陸──當日一別，此後再無歸期。

譯註

1　以迫害異見份子和政治犯臭名遠播的古拉格勞改營命名。

本章資料來源

Jonathan Spence：The Search for Modern China（詳見第六章末）

王晴天：《胡適作品選集》（詳見第六章末）

北京大學官網

余英時：《重尋胡適歷程》（詳見第六章末）

胡適日記

耿雲志（編著）：《胡適及其友人 1904-1948》（詳見第六章末）

陳毓賢、周質平：A Pragmatist and His Free Spirit（詳見第一章末）

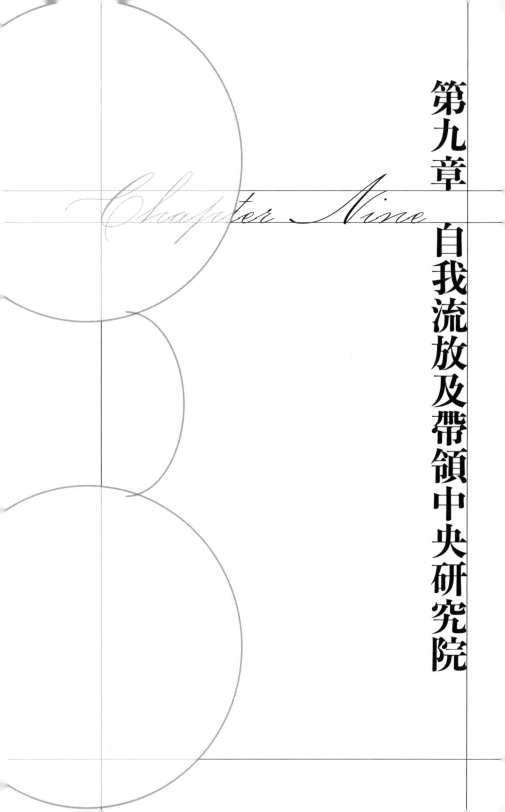

第九章 自我流放及帶領中央研究院

Chapter Nine

胡適離開上海時，知道自己或將無緣重返大陸。他安抵美國後，在彼邦生活了九年。他的心願始終是到台灣安頓，和友儕共處共事，可是夫人江冬秀不想在台灣生活，要求到美國與丈夫一起，結果，胡尊重太太的意願，把她接了過去。但最終，胡還是於1958年春遷居台灣，出任中央研究院院長，直至離世。他的身體日差，但精神抖擻如昔，直至生命的最後時刻。

1949年4月，胡適抵達美國三藩市，然後轉往紐約，回到久違十年的東81街104號公寓，再次遇上他曾經的看護哈特曼太太。到美國後的最初幾個月，生活並不容易。在華盛頓和紐約出席會議時，他發覺人們對國民黨政府的態度已全然改變。美國人知道南京政府在內戰中大勢已去，正密鑼緊鼓準備撤往台灣。沒有官員或民間組織願意為胡適安排一場演說，讓他抒發議論，這和1937年時人們競相邀約胡適的盛況，確是天壤之別。1949年9月，美國國務卿艾奇遜（Dean Acheson）致函總統杜魯門（Harry Truman）稱，國民黨之敗於共產黨，完全是咎由自取：「一個連自己都沒有信心的政權，加上一支毫無鬥志的軍隊，根本經不起戰爭的考驗。」10月1日，毛澤東在天安門城樓宣告中華人民共和國的誕生；1950年1月5日，杜魯門總統宣佈，美國將不會軍事介入中國內戰。他把日本、沖繩和菲律賓納入其「西太平洋防衛圈」，卻把台灣和韓國排除在外。華盛頓方面本已預期，共產黨的解放軍會渡海拿下台灣。

1937年的熱情和1949年的冷淡，相隔才不過12年，便換了人

間。之前，胡適身負重任，要爭取美國朝野支持中國對抗日本侵略；如今，他只是一介草民，不欲在新政權統治下過活，乃去國尋求自由。朋友勸他在美國覓一教職，並把家人接來同住；但他寧可到台灣定居，在那裡講課和寫作。胡適有很多朋友在台灣這個孤島尋得安身之所，希望建立一個在中國大陸不能建立的理想國；胡總覺得欠了他們些什麼，他仍做著一個自由民主的中國夢，而台灣是他和他的同志們實現夢想的唯一地方。他可以直通幕僚，也得到蔣介石的敬重。作為推進理想所走出的一步，胡適於 1949 年在台灣創辦雙周刊《自由中國》，推廣自由和民主精神。刊物的宗旨是擔當不同聲音的平台，特別是政治批評的聲音，用心與胡適在大陸時曾編輯、供稿的雜誌相近。很快，他就觸犯了「台灣警備總部」的禁令，那是蔣介石在台灣推行軍法管治的政權機關。1951 年，《自由中國》刊發文章，批評警備總部推行不當銀行監控措施，而遭強令刊登道歉啟事。胡適隨即辭任出版人，以示抗議。

1949 年 10 月，胡適收到太太江冬秀從泰國曼谷寄出的一封信，她到那裡是為了出席 10 月 1 日大兒子祖望與曾淑昭的婚禮，女方畢業於南京金陵女子大學。江冬秀在信中說她不想回到台北，胡適十分失望，這迫使他要繼續留在美國 —— 整個抗日期間，胡妻都是獨自生活，沒有丈夫在身邊，他不能再次置她於不顧。故他開始積極在美國找工作，好讓太太取得簽證。1949 年 9 月和 10 月間，胡適曾兩次犯心臟痙攣，幸得哈特曼太太照顧。1950 年 5 月，他接受了普林斯頓大學葛思德東方圖書館（Gest Oriental

Library）的兩年聘書，擔任圖書館長，年薪 5,200 美元。該圖書館藏有門類繁多的中、日、韓文材料，對在該大學東亞研究系進行研究的學者而言，是一個寶藏。在普林斯頓，胡適組織了以「十一個世紀以來的中國印刷」（Eleven Centuries of Chinese Printing）為題的展覽，並寫了有關藏書史的學術文章。胡適有了新工作，解決太太的簽證問題，她於 1950 年 6 月抵達美國，住進丈夫在紐約的公寓。普林斯頓大學位處新澤西州，與紐約的距離雖不遠，但胡適上班仍須坐火車，幸好他不用天天到圖書館；他偶爾也在大學講課。在江冬秀到來之前，哈特曼太太已先行遷出，往後，她和胡適仍持重地保持音訊往還。

然後，1950 年 6 月 25 日，一切都變了。在朝鮮半島，北方的朝鮮民主主義共和國揮軍南下，向大韓民國發動大規模攻擊，把後者驅趕至半島東南沿海的釜山附近。眼看奉行共產主義的朝鮮將全盤掌控半島，而背後是蘇聯支持，身兼美國三軍統帥的總統杜魯門下令駐日美軍介入戰事，確保南方不致落入共產政權之手。聯合國安理會在蘇聯代表缺席下通過決議，譴責朝鮮的軍事入侵，共 15 個成員國應聯合國呼籲，派兵參加由美國牽頭的聯合部隊協防。杜魯門又下令美國第七艦隊巡防台灣海峽，務使解放軍不敢輕易犯台。10 月 19 日，中國人民解放軍一夜之間改換軍服，變身「中國人民志願軍」，越過鴨綠江中朝分界線，參與「抗美援朝」，最終派遣兵員逾 70 萬。中國介入韓戰，令美國必須扶持本已放棄的台灣，把它納入東亞的防衛圈，此舉挽救了蔣介石的政權。於美國而言，共產主義介入朝鮮半島南方，猶如珍珠港再次受到偷

襲——只是不像珍珠港事件，胡適這次沒有任何角色。

「人民公敵」

1950 年 9 月 22 日，香港親共報章《大公報》刊登了一篇胡思杜批評父親的文章。思杜稱，父親已淪為帝國主義者的工具，自己必須站在工農群眾的一邊，與父親劃清界線，又說「在他沒有回到人民的懷抱來以前，他總是人民的敵人，也是我自己的敵人」。就此，由毛澤東策動的「胡適思想批判運動」掀開了序幕，在全國鋪天蓋地，持續了好幾年。細讀那文章的風格和用詞，胡適寫道：「小兒此文是奉命發表的。」他很清楚當時內地的政治大環境，他告訴美國一份雜誌說：「在中國，人們沒有表達意見的自由，甚至沒有保持沉默的自由。」包括《紐約時報》在內的美國媒體，廣泛報導了胡適遭兒子公開譴責一事。到 10 月，江冬秀收到思杜的信，說他「一切都很安定，希望您別掛念⋯⋯爸爸希望他少見客，多注重身體。」這封信讓父母更堅信，早前《大公報》的文章，是兒子在被脅迫的情況下寫的。

1953 年，全國性的批胡運動如熱火朝天，胡適的哲學、政治思想、史觀、文學史理論等等，通通成了人們批判的對象。超過 160 位作者寫了超過 180 篇批胡文章，洋洋灑灑幾百萬字，然後於 1955 年整理成八大卷的《胡適思想批判論文彙編》。內地的中國科學院和中國作家協會聯手，設立共九個專責小組，推動批胡運動。他們給胡適貼上「洋奴買辦文人」、「買辦資產階級的代表

人物」、「帝國主義的走狗」等標籤；檄文又把「全盤西化」、「蔣介石的御用文人」等帽子套到胡適頭上。我們現在很清楚，有長達 20 年，無論在公開場合還是私底下，胡適經常跟蔣介石意見相左，那些帽子實在不適合他戴。身在內地的昔日友人都公開批判胡適，但他了解中共、了解整場運動是什麼性質、如何運作，因而也就淡然處之，還幽它一默：既然在內地人人都要批判他，就必須先讀他，「我個人四十年來的一點努力，也不是完全白費的。」

中國政府何以要攻擊胡適？一、自 1920 年代起，胡適的不少友人和同事都加入了共產黨，他本人卻恆常地批評共產主義；二、儘管 1948 年共產黨勝利在望時，向胡適伸出橄欖枝，明確希望他留在大陸，胡偏「不識抬舉」，跑向台灣，站在國民黨一方；三、共產黨認為胡的著作散播不利共黨的「毒素」，但胡適在廣大民眾當中卻有相當的影響力，政府極欲改變這局面；四、1950 年夏，胡在美國期刊《外交事務》（*Foreign Affairs*）上發表題為 *China in Stalin's Grand Strategy*（史太林大戰略下的中國）的文章，稱蘇聯的援助，對中共奪取江山起了關鍵作用。

另一方面，思杜被安排到河北的唐山鐵道學院，擔任歷史講師。在那個年頭，「胡適的兒子」是一個始終甩不掉的政治「污點」，人們不願跟他扯上關係，女孩不願跟他發展感情，30 歲生日都過了，還是個單身漢。1957 年，毛澤東發動「反右運動」，思杜認為自己在撇清與父親的關係上已經足夠賣力了，可是學院領導卻不這樣認為。要呼應由上而下的政治運動，需要有個「右派分

子」作為攻擊對象，思杜不幸成為其中一個。不堪受到無端攻擊和長期被孤立，他給表親胡思孟留下一封絕命書和一些錢，終於在 1957 年 9 月 21 日「畏罪」自縊身亡，死時才不過 36 歲。思杜的死訊並未見諸內地報端，遠在美國的胡適和祖望對思杜的噩耗雖有所耳聞，卻一直未能確定真偽。1980 年 11 月中共有關單位為思杜平反昭雪，但已是他含屈而終後 23 年的事。

打掃地板、倒煙灰缸

妻子來到美國，令胡適的生活變得複雜：她不會英語，對胡的工作或學術世界不感興趣；她只會和她的華人朋友打麻將消遣，也愛做菜和看武俠小說等，打發時間。胡適形容自己是一個保姆，家中只有一位兼職傭人，他要自己掃地、擦桌子、倒煙灰缸，盡是他太太的麻將朋友留下的煙屁股。他真希望有個訪客不多的清靜家居。

1952 年，為了節省經費，普林斯頓大學決定不再和胡適續約。這一年，胡也決定不再在美國教書。他在 1955 年 12 月 19 日寫給友人趙元任的信中解釋了原因：「我這幾年所以不教書，也不熱心問人要教書演講的機會，實在是因為一種避嫌的心理，一面許多所謂『漢學』、『支那學』家總有點怕我們打入他們的圈子裡去，一面是這種人在政治上也往往是『前進』分子，氣味也不合，所以我總有點神經過敏的感覺，覺得還是『敬而遠之』為上策，切不可同他們搶飯吃。」在美國的那九年中，他唯一一份全職教職，

1957 年，胡適攝於紐約寓所。

是 1956 年秋在加州大學柏克萊分校哲學系擔任教授，為期六個月。他主要靠課酬及投資所得的利息和股息，支持生活。

胡適素來喜歡與友人相聚，包括韋蓮司和哈特曼太太。1953 年

夏，胡適和江冬秀在伊薩卡的韋蓮司家度過了一個月，是主人家自己提議的。那是胡適的兩個女人頭一次碰面。得知胡太太擅長廚藝，韋蓮司特地買回來了很多中國菜的食材，鋪滿廚房，好讓她能做她丈夫喜歡吃的菜。胡氏夫婦快將離開的時候，韋蓮司選定一套廚具作為禮物；最費思量的，是找師傅把「冬秀」二字刻在廚具上，師傅從來沒有刻過中文。由此可見，她是多麼希望表示對胡太太的敬意，更希望可以消除胡太太對丈夫這位多年異性密友潛在的疑心或醋意。還有一個值得記上一筆的小插曲：紐約的夏天悶熱難熬，胡適的公寓還沒裝空調，韋蓮司和哈特曼太太達成協議，為公寓裝上空調並分攤當中的 500 美元費用，這在當時絕不便宜。胡適得知兩位女士如此大手筆的「善舉」，連忙婉拒並解釋說，夏天很快就會過去。空調是否裝得成還是其次，重點是胡適有那種魅力，竟能使兩位女性密友培養出合作的心，而不是競爭之念。

定居台灣

台灣總能勾起胡適的情意結。1952 年 11 月，他接受台灣大學和台灣師範學院的邀請，前往講學，到機場迎接他的人數以百計。胡適訪台期間，蔣介石邀他進餐，二人的談話持續了兩個小時。胡告訴蔣，他「必須有諍臣一百人，最好有一千人。開放言論自由，即是自己樹立諍臣千百人也。」胡適這次逗留了兩個月。1954 年春，他再訪台灣，逗留六週，其演講吸引了大批聽眾。說台灣是情意結，不單因為胡認為要做研究、寫文章，除卻此地不

1954 年 3 月 25 日，胡適代表國民大會向蔣介石致送當選證書。

作他選；還因為他認為自己有責任推動中國人的言論自由和民主
價值，而要踐行這責任，在台灣要比在海外好。

1952 年 9 月，胡適在一封致蔣介石的信中，提出若干政治主張，
包括「國民黨應廢止總裁制」，「國民黨可以自由分化，成為獨立
的幾個黨」，「誠心培植言論自由⋯⋯願意容忍一切具體的政策批
評」等。蔣在其日記中，批評這是胡的「書生之見，不知彼此環
境與現狀完全不同，中國學者往往如此，所以建國無成也」。蔣相
信，他失去大陸江山的其中一個原因，正是他給予公民社會太多

自由，給了共產黨默默發展、逐漸壯大的空間，最終推翻自己。他痛下決心：如今流落台灣，絕不可重蹈昔日覆轍。

12 月 13 日，蔣介石在日記中提到，胡適向他談及台灣政治與議會感想，「言我國必須與民主國家制度一致，方能並肩作戰，感情融洽，以國家生命全在於自由陣線之中。」而蔣則駁斥説：「彼不想第二次大戰民主陣線勝利，而我在民主陣線中，犧牲最大，但最後仍要被賣亡國也。」他認為胡是一介書生，不諳現實世界的複雜、艱難。

在 1956 年 11 月 18 日一封給趙元任的信中，胡適透露有意在台灣定居，要麼在台中，要麼在台北市郊的南港，那裡是中央研究院所在。他説，中研院歷史和語言學研究所的圖書館非常適合他做研究，比海外的圖書館好，而且「我老了，已到了『退休』年紀。我有一點小積蓄，在美國只夠吃兩三年。在台北或台中可以夠我坐吃十年而有餘。」蔡元培 1928 年創立中研院時，心中構思的是一所獨立於政府的學術研究機構。在蔣介石一手打造的一黨專政台灣裡，中研院全仁須苦苦堅持，並以微薄的經費支撐研究工作，以維持該院的獨立性。1957 年 10 月，院長一職懸空。按照章程，全仁推舉三位候選人，由蔣介石任命其一。蔣屬意胡適。胡相信，接受該職，將是爭取中研院獨立，擺脫國民黨操控的最好安排，也能讓他實現回去台灣的心願。他在 1958 年 1 月 4 日另一封致友人李濟的信中説，他請蔣介石「任命老兄為代院長，使我可以安心養病，早日痊癒回國就任。」1958 年 4 月，胡適移居台

灣，住進南港中研院樓群；他太太則選擇留在紐約，直至 1961 年
10 月。胡適住的，是中研院專為他蓋的小平房；外面是紅磚牆、
屋頂是黑磚瓦，有書房一間、臥室兩間、盥洗室一間、客房一
間、客廳連飯廳一間；此外，他獲配一位備人、一輛房車連司機。

「他真是一狂人」

1958 年 4 月 10 日，蔣介石親臨中研院主持授職典禮，出席的嘉賓
中，誰也沒有預見以下這一幕：蔣在致辭時，表揚胡適的學術成
就和道德特質，並稱他應踐行中研院的使命，「復興民族文化」。
話音剛落，胡適霍地起立，朗聲應道：「你錯了。」他糾正說，
中研院的角色是促進學術自由與獨立。胡適語畢，舉座皆驚，氣
氛僵住了。在戒嚴令中的專制氣候下，沒有人膽敢與蔣介石大唱
反調，何況是在如此公開的場合！只有像胡適這樣既有地位又有
自信的人物，才敢造次，而且事後能安然無恙。他在就職演說中
稱：「我對中央研究院有親切的關係，不僅我是中央研究院歷史語
言研究所的通訊研究員，也因為中央研究院是我許多朋友的心血
結晶。……我這次回來，我的兩位醫生是不答應的，我不聽勸告
而回來了。……因為許多老朋友把一生幾十年最寶貴的光陰貢獻
給了中央研究院，甚至把性命也送在這裡，我對中央研究院也不
能完全推卸責任。」

蔣介石怒不可遏，雖當場沒有發作，但典禮完畢隨即離去。他把
怒火都發洩到當晚的日記中，形容胡適的行為，是他一生中遇到

過的第二大羞辱，僅次於 1927 年初與「共產國際」駐國民黨代表鮑羅廷（Borodin）的宴會，「而今天在中央研究院聽胡適就職典禮中之答拜的侮辱，亦可説求全之毀，我不知其人之狂妄荒謬至此，真是一狂人。」此後，終胡適中研院院長的任期，蔣介石都不曾再踏足該院。

「尊重憲法」

胡適致力反對蔣介石第三次出任領導人。1956 年 10 月 31 日是蔣介石 70 歲大壽，《自由中國》於同月刊登了祝壽專號，胡適在當中一篇文章寫道，蔣應該當一個「守憲守法的領袖」；因為蔣的第二個任期將於 1960 年 3 月屆滿，這為他爭取連任設置障礙。胡適在台北安頓下來後，繼續竭力對蔣「勸退」。在 1958 年 11 月 11 日的日記中，胡適寫下他與秘書長張群會面的情況，他提綱挈領説了自己的意見，並請張轉達給蔣介石。他説，憲法設定了任期，不應隨便修改，盼望蔣介石「樹立一個『合法的、和平的轉移政權』的風範……我相信全國人與全世界人都會對他表示崇敬與佩服。」結果，胡適徒勞無功。蔣介石參照智囊的建議，修改憲法的臨時條款，以繞過連任最多一次的規定，強行第二度連任。1960 年 3 月 21 日，由國民黨主導的國民大會投票，通過蔣第三度當選。後來的歷史告訴我們，蔣介石歷任五屆領導人，直至他本人 1975 年 4 月病逝。

《自由中國》也極力反對蔣介石連任。1950 年代，雜誌與政府的關

係不斷惡化，至 1960 年達到高潮。《自由中國》趕在國民大會投票之前，接連出版了幾篇反連任的文章。當年 5 月 4 日，雜誌發行人兼編輯雷震，與一眾同志醞釀創立「中國民主黨」，胡適並非黨員，但表示支持。9 月 4 日，台灣警備總部逮捕了雷震和另外三人，軍事法庭裁定他們「包庇匪諜、煽動叛亂」，判以十年徒刑。雜誌同月被迫停刊，中國民主黨未面世已胎死腹中。雷震並非進行街頭抗爭，當局如此重判，令胡適大為震動。雷生於 1897 年，長大後到日本京都帝國大學唸法律與政治，1926 年回國，在法律和教育界擔負重要職務，1947 年當選為國民大會代表；1950 年代，他與胡適等知識分子一起，在《自由中國》當編輯。胡適在 1960 年 11 月 18 日的日記裡，記下他與蔣介石會面時的對話。蔣堅持說，他知道海外對十年徒刑的反響極差，但他沒有選擇，因為雷震一案牽涉共產黨間諜。作為回應，胡適希望「此案能移交司法審判，正是為了全世界無人肯信軍法審判的結果」；又批評，「被告律師只有一天半的時間可以查卷，可以調查事實材料。十月三日開庭，這樣重大的案子，只開了八個半鐘點的庭，就宣告終結了」。案件於 10 月 8 日宣判，隔天海外媒體就予以報導，當時胡適還在美國，10 月 10 日「辛亥革命」紀念日，他要躲在普林斯頓大學，因為他「抬不起頭來見人」，怕被問及怎樣看雷案的裁決。胡適對未能給予雷震任何幫助感到內疚，該案也提醒他一個事實，儘管他是台灣知識分子中少數享有直通幕僚的特權，但他對蔣介石的影響力卻十分有限，只能慨嘆經一事、長一智。

雷震於 1970 年獲釋，但當局一直拒絕翻案，直至 2002 年 9 月，這

時距離雷震 1979 年辭世已 23 年。台灣「行政院文化建設委員會」於 2011 年作出結論指，《自由中國》在推動民主和憲政方面，扮演了推動者的重要角色；它為民眾引進不少新意念，儘管已停刊，仍將對未來民主運動的發展產生長遠影響。

「讀書要博、深、高」

今年（2021）已 84 歲的王斌，於 1958 至 1962 年間是台灣師範大學一名學生。筆者跟他做了一場訪問，他回憶說：「1958 年，我前往孫中山紀念堂聽胡博士的一場演說。禮堂擠滿了人，學生只能站在禮堂後部。胡博士說了超過一個小時，語調溫柔，略帶安徽口音；話中帶笑，態度友善。他演講中不忘說笑，全程緊抓聽者的注意。講話完畢，從容回答提問。蔣介石十分欣賞他。」畢業後，王斌回到香港，在中學當了 30 年中文教師。他後腦有個疤，是 1938 年在家鄉廣東增城遇上日本軍機投彈時受的傷。轟炸奪去了他祖父母的性命，但當時才八個月大的他活下來了。他跟家裡人繼續在鄉下住，直到 1950 年，他那當國民黨軍官的父親回鄉，把他帶到香港。王斌說：「在我看來，胡適是白話文運動的主導人，那是中國文化的一場革命。他給我們的建議是：讀書要博、深、高。他準確地分析中文字，笑我們是『差不多先生』。中國人很實際：拿自己要的，但回饋不多。」

未來的科學和技術

胡適留給台灣的其中一項永恆遺產，是他為「國家長期科學發展委員會」（長科會）於 1959 年 2 月 2 日創立所作的貢獻。早於 1947 年 9 月，胡適就曾向政府提出《爭取學術獨立的十年計劃》，認為與其年花數以百萬計美元支持學生公費留學，政府應集中資源，興辦五所世界級大學。時內戰猶酣，通脹失控，即使政府認同該計劃，客觀形勢已不允許它在大陸落實。國民政府播遷台灣後，胡適重新提出計劃。他在 1958 年 3 月 26 日的日記中寫道，台灣需要「適宜的專門人才與研究機構」，以解決在科學、工業、醫藥、公共衛生和防衛等領域面對的難題；並應「和世界的學人與研究機構分工合作，共同擔負其進展之責任」。這一年，胡適邀請專家學者，協助他構思一個長遠發展規劃，最終寫成《國家發展科學培植人才的五年計劃的綱領草案》。經過緊湊的商討和修改，胡適於 5 月底向政府提交正式文稿。政府的反應十分正面，並於 8 月撥出 4,000 萬新台幣及 50 萬美元，作為首年的經費。1959 年 1 月，蔣介石批准成立長科會，胡適以中央研究院院長身份，擔任長科會的主任委員。

1961 年 11 月 6 日，在台北的「東亞區科學教育會議」上，胡適用英語作了他人生最後一次重要演講，題目是〈科學發展所需要的社會改革〉（*Social Change and Science*），聽眾來自四個國家。胡適說：「我相信，為了給科學的發展鋪路，為了準備接受、歡迎近代的科學和技術的文明，我們東方人也許必須經過某種智識

上的變化或革命……我們應當丟掉一個深深的生了根的偏見，那就是以為西方的物質的（material）、唯物的（materialistic）文明雖然無疑的佔了先，我們東方人還可以憑我們的優越的精神文明（spiritual civilization）自傲。我們也許必須丟掉這種沒有理由的自傲，必須學習承認東方文明中所含的精神成分（spirituality）實在很少。……一個文明容忍像婦女纏足那樣慘無人道的習慣到一千多年之久，而差不多沒有一聲抗議，還有什麼精神文明可說？……一位東方的詩人或哲人坐在一隻原始舢板船上，沒有理由嘲笑或藐視坐在近代噴射機在他頭上飛過的人們的物質文明。……我還相信必須有這樣的對東方那些老文明，對科學和技術的近代文明的重新估量，我們東方人才能夠真誠而熱烈的接受近代科學。」（徐高阮譯，1961 年《文星》第 9 卷第 2 期）胡適的信息清澈響亮，傳遍東亞各個國家，更成為日本發展科學和技術的一個動力源。

就說台灣，科技從此成為其經濟發展的一根重要支柱。一個海島，可耕地和天然資源都十分有限，欲謀經濟發展，非靠島民充分發揮其才智和技能不可。長科委於 1967 年改組成「國家科學委員會」，又於 2014 年 2 月進一步改成「科技部」。據其官網介紹，科技部有三項使命：推動台灣科技發展、支持學術研究、發展科技園。高科技產品已成為台灣經濟其中一個最重要的領域，根據財政部的數字，2020 年台灣出口總產值已達破紀錄的 3,452.8 億美元，較上一年度增長 4.9%；其中，電子零部件的出口增長達 20.5%，至 1,356 億美元；信息、通訊和影音設備類的出口則增

1960 年 3 月 9 日，胡適與長孫胡復在南港住宅前留影。

長 15.4%，至 491.8 億美元。該兩項合起來，佔台灣出口總貨值的
54%。

家人與友人

胡適長子祖望 1960 年移居華盛頓，出任台灣駐美大使館經濟參
贊。祖望和太太僅育有一個兒子胡復，他於 1955 年出生，足部因
小兒麻痺症影響而變形。長大後，胡復跟隨祖父和父親的足跡，

到康乃爾大學讀書。

1960 年秋，胡適再度訪美，年已 75 的韋蓮司那時正孤身獨居。
她把伊薩卡的房子賣掉，決定移居加勒比海的巴巴多斯群島
（Barbados），那裡氣候和暖、生活費用低廉。胡適到紐約機場送
行，那將是他倆最後一次見面——對於這點，也許二人都已心中
有數。那是個淒美感人的時刻。從一幅照片可以看到，二人靠得
很近，都笑得燦爛，彼此的年齡無阻彼此間的暖暖愛意。他倆的
友誼，是二人生命中的一份寶藏。10 月 10 日在巴巴多斯的酒店
落腳後，韋蓮司即寄出給胡適的第一封信，信中說：「你來替我
送行，是上天賜給我的禮物，彌足珍貴，我只怕千言萬語也不足
以言謝。剛過去的一整個月，你所付出的無私關顧，無人敢當，
我更不敢當。這幅滿載人性之善的小照片，將記掛在我的回憶之
中，隨身之所往，無處不喜樂。」胡適死後，韋蓮司寫信給祖望，
請其代她在胡適墳前放置 50 朵清香純白的小花，紀念她與他 50
年的友誼。

「開風氣而為之師」

1961 年 2 月，胡適心臟病發，住院兩個月；到 11 月，心臟病再犯，
再住院六週。出院後，蔣介石邀請胡氏夫婦共進午餐。

1962 年 2 月 24 日，中央研究院召開年度會議。對胡適來說，那是
他一年中最高興的其中一天，因為能與學者朋友們暢聚——回望

1960 年 9 月，胡適與韋蓮司合影。

一生，能贏得這班朋友的敬重，夫復何求。上午，他參與了有關接納七位新成員的表決；下午，他主持了在「蔡元培紀念館」舉行的一個招待會。

後來，紀念館 3 月 1 日的報告，引述了官方英文刊物《今日台灣》對當天發生的事的描述：

「胡適頗顯疲累，但精神不俗。他與賓客説笑，頻請賓客盡情吃

喝。時近夜晚，一一與賓客道別時，胡心病突然來犯，頹然倒下，半小時後，已駕鶴西去。他嚥下最後一口氣時，嘴角含笑，證明他是如自己盼望的情狀般離去。此後連續多天，太平間擠滿了希望能見這位中國偉大學者最後一面的人。上至尊貴的蔣介石，下至平凡的三輪車夫，人們都為這位贏得世界同行尊重和仰慕的學者，灑下不捨之淚。希望告別胡適的公眾日以繼夜地排成人龍，川流不息地來到他的靈柩，瞻仰他的遺容。他們來，不是好奇心的驅使，而是向這一位幾乎代表所有中國文化最出色之價值的人物，致最後的敬意。隨著送殯行列經過大街，數以萬計的民眾肅立兩旁。那是台灣歷來最大規模的同類儀式，對我們這個時代為數極少的一位真正文明人致敬。」胡適躺在那裡，周圍是敬仰他的人，他們看到他臉上掛著笑容，沒有痛苦。胡適心臟病發前的最後一句話，是給他來點飲料。人總有要走的一天，而他這種是最幸福的走法。

民眾的悲愴是巨大的。包括中外各階層，約四萬人到訪台北中部的「極樂殯儀館」，那裡放置著胡適的靈柩。蔣介石和陳誠分別致送輓聯；陳的輓聯，上闋為「開風氣而為之師，由博涉融合新知，由實驗探求真理」。江冬秀和兒子祖望走在送殯隊伍最前頭，沿著台北大街前進，民眾在街道兩旁設立放置果品和香燭的臨時祭壇；來自美國、日本、韓國、越南、泰國、土耳其等國的代表出席了喪禮；靈柩上覆蓋著北京大學的校旗。胡適生前曾要求死後火葬，但他的遺孀堅持土葬。墓園的選址，在正對中央研究院的一座小山丘上，當年 10 月落成，胡適隨即移葬該處，墓旁分別植

有兩棵青松。原來的胡宅變成了「胡適紀念館」；南港一位士紳則捐出兩公頃的地，讓政府闢作「胡適公園」。一些中央研究院的成員或著名學者辭世後，都葬到這裡來。

本章資料來源

Jonathan Spence：The Search for Modern China（詳見第六章末）

王晴天：《胡適作品選集》（詳見第六章末）

本書作者 2011 年 2 月 24 日訪問王斌摘要

余英時：《重尋胡適歷程》（詳見第六章末）

周質平（編）：《胡適英文文存》（詳見第四章末）

胡適紀念館檔案室

陳毓賢、周質平：A Pragmatist and His Free Spirit（詳見第一章末）

期刊《自由中國》文章，文化建設委員會，台灣，2011 年。

第十章 文化遺產：白話走進書面語

Chapter Ten

胡適於 1962 年 4 月辭世，歷史上像他留下如此豐富的文化遺產的，為數確實不多。他的產量驚人，從少年時代一直到生命結束前，寫過的詩歌、信函、文章、講稿、書籍，不可計數——還有日記。他一生寫過 44 部書，包括三部用英文；在書房、臥室、酒店房間、客輪、火車、飛機、茶居、餐館，無處不在執筆。他不是沉默寡言那種人，他很願意與家人、同事、遍佈世界各地的友人和相識，分享他的工作。胡適死後，他的結集清單就頗為可觀，例如《胡適手稿》（共 10 卷，1966~1970）、《胡適作品集》（37 卷，1986），以及《胡適的日記》（18 卷，1989）。中央研究院下轄的「近代史研究所」花了六年收集胡適的各類著作，於 2018 年 12 月出版了《胡適全集》。如此豐盛的寶藏，刺激了大陸、台灣、香港和海外的學者研究胡適、寫胡適、座談胡適，令他成為歷史上最多人研究的華人之一。胡適寫的書和寫胡適的書，在全球華文世界的書店都能找到。

著作以外，胡適還為中國留下了什麼文化遺產嗎？有。最偉大、影響最持久的，莫過於使白話文堂而皇之地進入中文書面語的殿堂。正如他所預測的，白話文開拓了豐富而廣闊的文字創作空間，讓千千萬萬不會古文的普通民眾看得明白、寫得自在。1956 年 1 月，中華人民共和國國務院正式公佈《漢字簡化方案》，在全國推行簡體字；而香港、台灣地區和海外華人社會則仍用傳統的繁體字，但無論繁體簡體，胡適推崇的白話文已成為華文世界的標準語體。

胡適離世後，他留下的文化遺產在台灣仍屹立不倒，穩固如昔。當時，台灣仍處於戒嚴令籠罩之下，他生前極力反對蔣介石違憲再度連任，但無濟於事。自 1949 年 5 月 20 日頒行的戒嚴令，終由蔣介石的兒子蔣經國於 1987 年 7 月 15 日宣佈解除，前後歷時 38 載，是當年人類史上最長的軍法統治令。戒嚴令廢止，意味著開放黨禁、報禁。自此，民主政治逐漸成型成熟，漸次實現由人民直接選出政府和其他公職。迄 2018 年止，台灣共有 220 個政黨，包括五個大黨，其中 13 個有黨員通過公開選舉進入議事殿堂。媒體方面，解禁後慢慢出現百花齊放、百家爭鳴的局面，公民社會欣欣向榮。另一方面，不少台灣人看不慣新的政治秩序太紛亂，認為那是政黨和個人之間的衝突所導致的；他們寧可生活在一個更傾向中央主導的模式，讓社會整體較容易達致共識，排好長遠經濟規劃的優先次序——就如蔣介石時期那樣。若胡適今天尚在，他肯定會對台灣民主與自由的發展感到高興。之所以有這些轉變，由頭不止一端，但他的著作和背後的哲學，無疑是其一。在台灣修讀中文和歷史的大學生，必定讀過胡適的著作，以及它們對「新文學運動」的影響；台灣和香港的中學生都讀過胡適筆下的「差不多先生」，這個虛構角色旨在諷刺中國人得過且過的性格，更成為日常用語的一部份——儘管人們多半對它的出處不甚了了。

然而，胡適留下的這些文化遺產，卻不能套到中國內地。在毛澤東時代，他發動群眾批判胡適的思想，胡的著作根本進不了書店和學校的門。雖然隨著 1980 年初內地推行「改革開放」，思想文

化領域有所鬆動，官方也事實上恢復了胡適的名譽，但在公眾討論中，仍不怎麼看到他的名字；閱讀其著作的，仍僅限於知識分子和學術界。

胡適紀念館

胡適死後，中研院隨即成立「胡適紀念館管理委員會」。紀念館於當年 12 月 10 日開館，位於中研院的南港院區內，覆蓋胡適 1958 至 1962 年間擔任院長期間的故居，館內珍藏了胡適 1948 年以後的著作。他先後兩次把留在美國的書籍和文件運返台灣：第一次是 1958 年他回台灣時，第二次是太太江冬秀 1961 年 9 月準備回台灣定居時，按胡適的要求，托運另一批書籍和文件。

1964 年 8 月 5 日，美國商人史帶（Cornelius Vander Starr）向紀念館捐贈一筆資金，管理委員會決定劃撥其中 20 萬新台幣，在紀念館右側建造陳列室，用以展示胡適遺著、手跡及紀念物等，於 1965 年胡適逝世三周年時開幕。和胡適一樣，史帶是銀行家徐新六的好友，如前文所述，徐於 1938 年因日軍襲擊，不幸墜機身亡。1919 年，史帶在上海成立「美亞保險公司」（American Asiatic Underwriters），即今天 AIG 集團前身；1955 年，他以個人名義設立基金會 C. V. Starr Foundation，向世界各地的慈善事業捐贈了數以百萬美元計的善款，包括分別於哥倫比亞大學、伊利諾伊大學、加州大學柏克萊分校設立「東亞圖書館」。中研院與台北市政府合作，在胡適墓園附近開闢胡適公園，於 1974 年 2 月落成。

1998 年 1 月，胡適紀念館正式劃歸中研院近代史研究所管理。陳列室展示了胡適的信函、手稿、註釋等文字遺產，此外也展出一些屬於他的文物，包括平時慣穿的長衫和西式皮鞋、毛筆和墨水筆等物。

從「人民公敵」到「巨大貢獻」

1949 年以後，中國內地如何敘述胡適的故事，反映著這 70 年她自身如何跌跌撞撞地走過來。我們在第九章介紹了 1950 年代內地如何把胡適捲入一場又一場的政治運動——然後是六、七十年代，直至 1976 年毛澤東逝世；再然後，中國發生了翻天覆地的變化。內地學者董立功 2013 年發表了一篇文章，描述 1949 年之後，在內地同胞心目中，胡適的形象是如何變化的，標題正是〈1949 年後胡適形象演變〉。文中說：「1978 年之後，隨著中國社會逐漸回歸正常，胡適研究不再全是禁區，客觀、公正評價胡適也變得較為可能。」主要的中文辭典裡，「胡適」詞條的描述也比較準確、比較不那麼政治化。例如，1989 年版的《辭海》，稱胡適為 1920 年代「當時新文化運動的著名人物」，他「提出『大膽假設，小心求證』的研究方法，影響頗大」；2009 年版提到胡適「提出『多研究些問題，少談些主義』」；又說他「1922 年創辦《努力週報》，宣揚『好人政府』，主張組織『憲政的政府』，實行『有計劃的政治』」。

2015 年 4 月 22 日，中國內地主要知識分子報章之一的《光明日

報》，刊登了中國社會科學院近代史研究所研究員鄭大華的一篇文章，題目為〈「但開風氣不為師」——客觀評價胡適在中國學術史上的地位〉。文章說，胡適在現代中國學術史上有著極其重要的地位，開創了許多第一，「充分肯定胡適的學術成就及其貢獻是應該的，但肯定到什麼程度，則又必須實事求是⋯⋯」實際上，胡適對自己曾有過較為客觀的評價。1924 年，他在答民初重要學者和政論家章士釗的一首詩中寫道：「但開風氣不為師，龔生此言吾最喜。同是曾開風氣人，願長相親不相鄙。」這種自我評價恰如其分。

鄭大華形容胡適在很多方面都是先驅：他引入白話文，把歐洲許多重要的小說翻譯成中文，或者改編成短劇，例如《終身大事》（*The Greatest Event in Life*）。鄭說：「⋯⋯另一方面，我們也應看到，無論是提倡文學革命，還是實踐活動，胡適也有他的局限性⋯⋯雖然打破了舊詩的『清規戒律』，卻未能形成新詩的格律。」1919 年 2 月，上海商務印書館出版胡適的《中國哲學史大綱》上卷，大受歡迎，「不到三年，就再版七次，其影響之大，實屬空前」。鄭認為，這「初步奠定了胡適在中國現代學術史上的重要地位⋯⋯原因就在於：作為第一部用西方的學術觀念寫成的中國哲學史，該書突破了舊學者不敢質疑的經學範疇⋯⋯」

但該書的影響到了新文化運動後，尤其是 1930 年代後便迅速消退。《中國哲學史大綱》上卷問世後，胡適再也沒有寫出中卷、下卷，而那上卷只寫了先秦的中國哲學史，「充其量只佔中國哲學史的一半或三分之一，而馮友蘭的《中國哲學史》從先秦寫到明清，

是一部完整的中國古代哲學史」。胡適為馮友蘭留下空間，馮客觀上取胡而代之。鄭大華不無慨嘆地說：「因此，三四十年代後，真正走進西方大學課堂的不是胡適的《中國哲學史大綱》，而是馮友蘭的《中國哲學史》。韓國前總統朴槿惠在她最困難的時候，讀的不是胡適的版本，而是馮友蘭的《中國哲學史》，或許也是（馮的重要性的）一個例證。」馮友蘭生於 1895 年，是北京大學學生，和胡適一樣，師從哥倫比亞大學的杜威博士，取得哲學博士學位。馮的兩卷本《中國哲學史》於 1934 年出版，從此成為相關領域的標準讀本。

鄭大華認為，胡適的另一項重要的學術成就和貢獻，是小說考證。他說：「據統計，從他 1917 年 5 月的《再寄陳獨秀答錢玄同》到 1962 年 2 月去世前的《紅樓夢問題最後一信》，他寫的考證中國古典小說的文字達 45 萬字之多，這其中包括《水滸傳》《三國演義》《西遊記》《三俠五義》等小說。胡適考證小說用力最多、成就最為突出，影響也最大的是對《紅樓夢》的考證……胡適的學術成就及其貢獻是巨大的，但和任何歷史人物一樣，胡適也有他的局限性。」無論董立功還是鄭大華，均沒有提到胡適 40 年來一貫反共，也迴避了胡適有關自由和民主的豐富著述；這些主題，仍然是言論禁區。

胡適的朋友和支持者對他都有共同的印象：興趣太廣泛、活動太繁雜，以致把自己的精力分得太散，無法像其他很多學者般，專注於單一的研究領域。我們在第六章提過，胡適的北大同事溫源

寧戲稱他是「半部博士」。胡適不僅研究範圍廣泛，且交遊極為廣闊，晤友娛賓，樂此不疲。再者，他的工作生涯始於 1917 年，終於 1962 年，歷經中國極端動盪的時期，從抗日戰爭、國共內戰，到暴烈的學生運動等，與他位處美國小鎮一所大學當教授的舒適日子，絕對是天壤之別。

1948 年 12 月離開北京之前，胡適可謂毫無準備，只能倉猝成行，因此有很多文章未及帶走。沒帶走的，後來有些散失，有些在批胡運動和「文化大革命」期間被毀掉。1980 年代「改革開放」後，內地機構要出版胡適的作品變成可能。1994 年，北京中國社會科學院出版了 42 卷胡適作品，包括 5,400 封別人寫給他的信，最遠可追溯至 1908 年。2002 年，北大圖書館推出一部精緻的複印版胡適信札，所收入的，包括當時尚不曾公開的信函，以及胡適少年時代於上海期間的日記。

可是，除這批著作以外，內地當局就絕少對胡適加以讚譽。北大的五四紀念碑上提及的新文化運動代表人物中，有陳獨秀、有魯迅，但沒有胡適。全國只有兩個地方能找到紀念胡適的雕像，其一在他的家鄉安徽績溪。地方政府把胡適的故居打造成旅遊景點，那是一座樸實的徽州風格建築，樓高兩層，從外面看去，白牆青瓦，一派清幽。

2020 年 10 月，北京舉行了一場拍賣會，拍品是胡適 1912 至 1918 年間的日記手稿，共 18 冊，結果拍得近 1.4 億元人民幣，創下

當時全球最貴日記的紀錄。胡適1910至1917年間身在美國，其日記記在一本康乃爾大學的筆記本上，用鋼筆以中文直行和英文書寫。文字寫得很緊湊，行與行之間沒多少空間；有些字還很潦草，不太好認。能保存這些手稿，難能可貴，因為承載文字的紙張本身，就有超過一個世紀的歷史。

家庭

胡適死後，江冬秀依舊居於台灣，直到1975年去世，與丈夫合葬於面向中研院的墓塚。兒子祖望在台灣「中國航空公司」當工程師。他於1980年退休，2005年3月12日於華盛頓離世，遺體葬於父母墓旁。墓塚群旁邊，是一塊四平方米的石碑，上面刻著「亡弟胡思杜紀念碑。胞兄祖望泐石。」令人慨嘆的是，胡家始終無法找到這塊紀念碑主人的骸骨。至於祖望的兒子胡復，他1978年畢業於康乃爾大學，是胡家第三代康大生。他畢業後在美國政府勞工部供職，後升至仲裁部門的主管，沒有結婚。

「難得的朋友」

胡適和韋蓮司之間那半個世紀的情誼，是本書最蕩氣迴腸、最牽動人心的主題之一。試想想，那是個沒有互聯網或廉價電訊的年代，二人生活遠隔萬里，單憑鴻來雁往互訴心曲，便能一直維持著彼此的情誼，著實奇妙得很。遠在紐約伊薩卡的韋蓮司，家庭事業兩安穩，而胡適卻奔波各地，行程表密密麻麻；雖然如此，

他總能擠出給韋蓮司寫信的時間。二人均能記住對方的生日，總不忘及時寄達心意卡和禮物。胡適是有家室的人，身邊又不乏女伴，卻無礙二人情意綿綿。韋蓮司早想嫁作胡婦，但也深知芳心只能暗許，萬萬做不出強要胡適棄妻之事；反而，她費盡心思表達對胡妻的尊重，即使由於語言障礙，無法直接溝通——也幸好如此，因為她倆之間其實沒有什麼共通話題。胡適死後，韋蓮司竟繼續給江冬秀寫信，至少維持了四年。

韋蓮司在巴巴多斯的新居安頓下來後，拿定主意給自己一個任務，要保存好胡適的所有著作。她把胡適給她寫的信重新打字，也許是基於羅曼蒂克或私密的原因，隱去了某些段落；然後，她把原件寄給江冬秀，又寫信給她和祖望說，胡適影響了千千萬萬的年輕人，是上天賜給中國以至全人類的禮物。韋蓮司還撥出5~6,000 美元成立基金，以實現把胡適的著作翻譯成英文，留存後世。所有這些，都是由奇妙的愛轉化為美善之舉。

50 年來，二人對對方始終維持著強烈的感覺。1927 年，胡適寫信給韋蓮司說：「雖經歷這漫長歲月，我從未忘記你⋯⋯我最想你知道的，是你所給我的是那麼多⋯⋯從未懷疑我們真樸的友誼會失去。不會的。」信寄出後一個月，他便收到韋的回信：「關於我們，我只想說一點：我不會（而我相信我心底裡也沒這想法）寫任何對你妻子不忠、不顧其感受的文字——她一定是真的非常非常愛你。承認你是一個難能可貴的朋友，並不是對她不忠。你總能刺激我的思考，這點我十分喜歡。我別無所求。你們都是一套

不幸體制的受害者⋯⋯對此她或許並不自知，而你則始終保持清醒。」韋蓮司 1971 年於巴巴多斯離世，終年 86 歲。

本章資料來源

《環球時報》有關胡適日記拍賣的報導，2020 年 10 月 19 日。

胡適紀念館官網及其職員

陳毓賢、周質平：*A Pragmatist and His Free Spirit*（詳見第一章末）

董立功：〈1949 年後胡適形象演變〉，《炎黃春秋》，2013 年第 8 期。

鄭大華：〈但開風氣不為師──客觀評價胡適在中國學術史上的地位〉，《光明日報》，2015 年 4 月 22 日。

圖片鳴謝

封面照片、頁 31、34、45、70、88、93、101、105、107、111、123、138、143、161、165、169、182、189 圖片轉載自《胡適及其友人 (1904-1948)》，由商務印書館（香港）有限公司授權轉載

頁 63、202、204、212、214 圖片由台北中央研究院近代史研究所胡適紀念館授權轉載

頁 5、41、50、53 圖片由美國康乃爾大學授權轉載

書名

　開風氣而為之師 —— 中國偉大的知識分子胡適

作者

　馬克·奧尼爾（Mark O'Neill）

譯者

　程翰

責任編輯

　寧礎鋒

書籍設計

　姚國豪

出版

　三聯書店（香港）有限公司

　香港北角英皇道 499 號北角工業大廈 20 樓

　Joint Publishing (H.K.) Co., Ltd.

　20/F., North Point Industrial Building,

　499 King's Road, North Point, Hong Kong

香港發行

　香港聯合書刊物流有限公司

　香港新界荃灣德士古道 220-248 號 16 樓

印刷

　美雅印刷製本有限公司

　香港九龍觀塘榮業街 6 號 4 樓 A 室

版次

　2021 年 12 月香港第一版第一次印刷

規格

　特 16 開（148mm x 215mm）232 面

國際書號

　ISBN　978-962-04-4853-9

三聯書店
http://jointpublishing.com

JPBooks.Plus
http://jpbooks.plus